JN220024

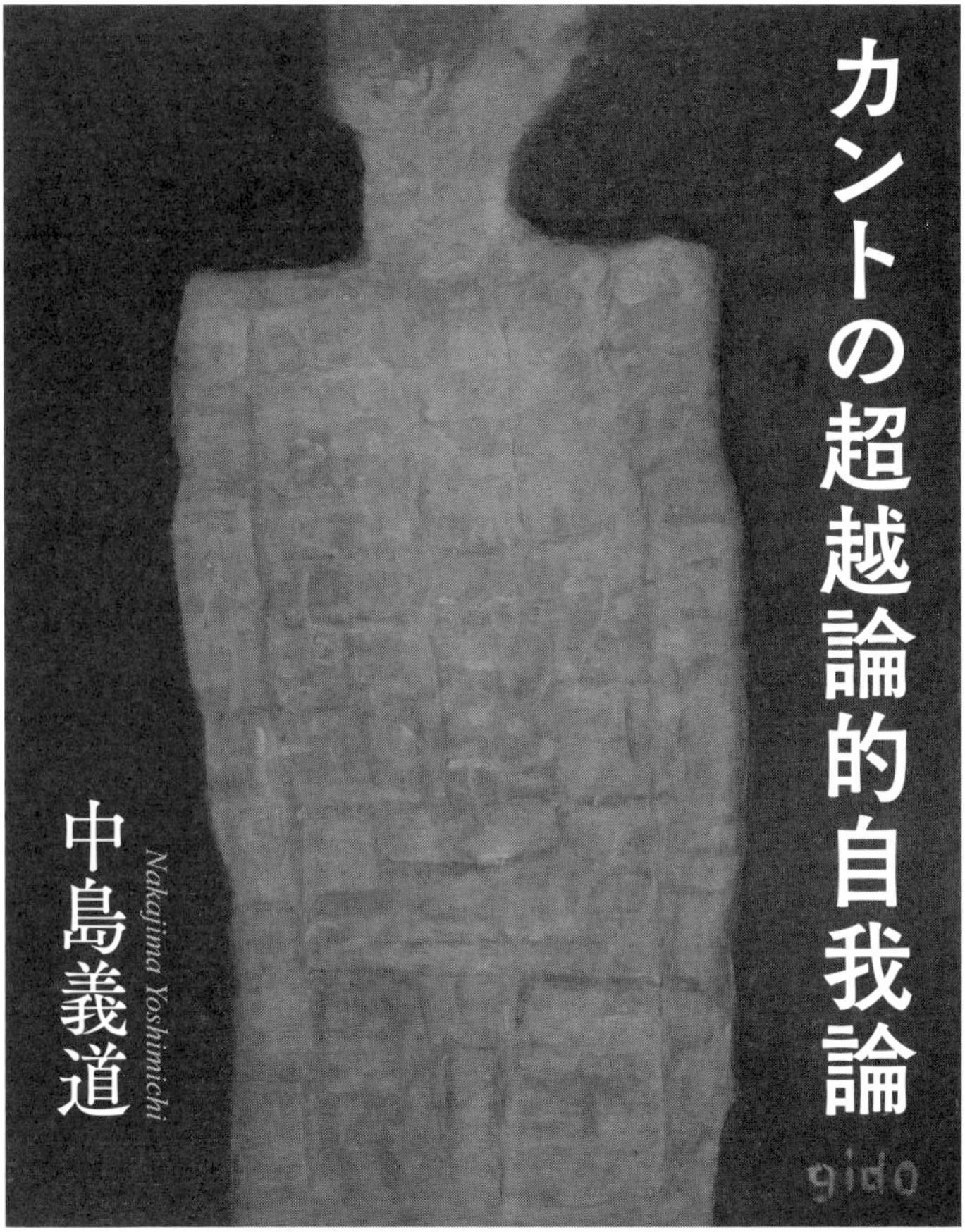

カントの超越論的自我論

中島義道
Nakajima Yoshimichi

ぷねうま舎

装画＝中島義道
装丁＝矢部竜二 Bow Wow

カントの超越論的自我論◆目次

まえがき

本書はカントの超越論的観念論における自我論、すなわち超越論的自我論の研究である。これまで、カントの自我論の研究は、超越論的統覚を中心とするものがほとんどであった。それには何の異存もないが、それを初めから前提している研究が大部分であったように思われる。すなわち、なぜ超越論的統覚が「私」*なのか、という問いが開くディメンションに立ち入ることがほとんどなかったのだ。

*「私」という表記は、まずこの個的な私を表しているが、さらにそれが、そのまま（現実性を捨象して）普遍的な超越論的統覚でも「ある」ことを表している。すなわち、カントの超越論的自我論は、はじめから、本書ないし『純粋理性批判』を読む各々の者が了解している自我を、自然に（フッサールの用語を借りれば「自然的態度」において）想定しており、まずさまざまな自我を想定した上で、特権的な「この私」を意味づけることはない。それぞれの自我を鳥瞰《ちょうかん》できる視点を「私」はとりえないからである。あえてつけ加えれば、こうした「私」は、ドイツ語の代名詞としての“ich”と普通名詞としての“das Ich”との重ね合わせと言えるかもしれない。

超越論的統覚が、たとえ日常的にわれわれが了解している「私」とは、はなはだしく異なったものであるとしても、日常的にわれわれが了解している「私」と何らかの繋がりがなければ、われわれは、それを「私」として了解することはできないであろう。そして、じつのところ、この問いにカントは、真剣に取り組んでいるのである。

この連関でとくに注目されるものは「私の現存在」と「内的経験」である。「私とは何か？」と問う者は、「私」が一人称単数の人称代名詞であり、その限りこの人称代名詞が、①「私とは何か」と問う者すべてを指示することを知っているが、同時に、②かけがえのない「私とは何か」と問うこの「私」を指示することも知っている。しかし、ここで「私」という人称代名詞の特異性に気づかねばならない。たしかに「ここ」も「いま」も「これ」も、①それぞれの話者の空間的位置（ここ）、時間的位置（いま）、身体の近くにあるもの（これ）を指示すると同時に、特権的に「私」にとっての「ここ」「いま」「これ」を指示している。さらに「彼」（「彼女」）や「きみ」（「あなた」）という人称代名詞でもそうである。「彼」や「きみ」はそれぞれの話者にとっての「彼」であり、「きみ」であり、これはいかなる話者においても成り立つから一般的意味をもつが、それぞれの話者の特定の発話においては特定の「彼」であり、「きみ」である。

しかし、「私」という人称代名詞の場合は、こうした構造とは根本的に異なるのだ。それは、「私」の場合は、端的かつ内的に「現存在を感じる」という絶対的要素があるからである。このことによって、「私」は「私」という人称代名詞を「これ」や「ここ」や「いま」と混同しない。「この身体」とも混同しないのは、それが（身体＝物体に吸収されない）〈こころ〉と呼ばれる何かであることを知っているからである。その場合、「私」がまず「私」という一般的な代名詞の意味を理解して、次にそれに「現存の感じ」が具わる「私」と、それが欠如した「私」とを区別するのではない。「私」に「現存在の感じ」を付け加えるという操作がわからず、したがって、それが欠如したものもわからないからである。

　他人が「赤い」と語る場合、「私」はそれから感覚内容を捨象した赤の意味を了解している、これこそが「赤」という意味を知っていることだ、と言われるかもしれない。しかし、この理論は、はじめから他人が「赤」に感覚内容が伴うことを前提しているのであって、まさにこのことがわからないのだ。ここで方向を転じると、「私」の「うち」で、感覚内容が伴うときと伴わないときとを超越して、「赤」という意味を了解することはできる。それは「赤い」という知覚体験と「赤かった」という想起体験とにおいて、「私」は同一の「赤」に関与しているという端的な了解においてである。しかし、このすべては、ただ「私」の「うち」で生じていることであって、他の「私」（他人）の存在とは関係がない。

　あるいは、こうも言える。現存在を伴う「私」より、代名詞としての「私」を優先させる理論は、はじめからこの「私」と他の「私」との言語使用（記号操作）における同一性と感覚内容との絶対的差異性とを前提しているが、はたしてこの理論はどこから出てきたのか。このすべては、われわれが他の「私」の使用する「私」という言葉の意味を理解している（と思われる）ことから推理した結果にすぎないのではないか。言いかえれば、この理論は、ここに開けている「私の現存在」の特異性の「そと」に跨ぎ越してしまい、ただ言語使用における（想定される）意味の同一性に寄りかかっているだけなのではないのか。

以上のような基本的展望のもとに、本書ではカントの自我論を探究するのであるが、その場合、まず①カントにおいて「根源的自我」とも言える「超越論的統覚」の地位を相対化することになるであろう。これに伴い、②「私の現存在」が超越論的統覚と並んで（むしろその背後で？）独特の位置を占める、この点を示すことになるであろう。さらに③これまでの「私の現実的な経験」である「内的経験」が、超越論的統覚と「私の現存在」とを継ぐ第三の、そして包括的な「私」として浮上してくるであろう。

その場合、以上の考察は、やはりデカルトに遡らねばならない。デカルトは、哲学探究の原点である絶対的に確実な知を求め、「コギト（私は思惟する）」に至った。いま知覚している眼前の物体、私の身体、私の過去などを私は疑うことができる。さらに、私は「2＋2＝4」のような数学的真理も疑うことができる。こうして、私はすべてを疑えるのであるが、まさにそう疑うことによって、私は一つの疑いえないものをつかんでいる。それは、そのとき遂行している「疑う」という行為自体である。デカルトによれば、このことを私は、「精神の洞察（inspecto animi）」によって明晰かつ判明につかんでいる。しかし、そうであろうか？　まさにこのこともさらに疑いえるのではないだろうか。デカルトにおいては、疑う者はすでに言語（フランス語）を習得しており、「私（je）」の正しい使用法を取得している――ラテン語では、明示的に主語（ego）を語らないとしても、「疑う（dubito）」という動詞を一人称単数の変化に適合させているのだから、同じことである。よって、「精神の洞察」とは、こういう慣例に従うことにほかならない。「疑っていること自体を疑いえない」こと、さらには「疑っている者が私であること」は、懐疑の嵐を踏み越えて洞察した事柄ではなく、デカルト特有の「方法的懐疑」を成立させるために、まずもって洞察すべき事柄なのである。

懐疑を遂行する者は、すでに言語（フランス語やラテン語）を取得した者であり、懐疑は、与えられた言語によって、しかもその言語の正しい文法にそってなされなければならない。よって、発話するもの（言語を使って思惟する者）は単数一人称を表す「私」でなければならないのだ。すなわち、デカルトにおいては、「コギト・スム」はごく自然にルネ・デカルトという名の男が端的に確証したものだが、「良識はすべての人に等しく与えられている」ので、自然にこのことはすべての人に妥当する――この背後には、神がすべての人の精神を同じように創造したという前提が控えている。この前提のうえに、さらにデカルトは、「コギト・エルゴ・スム」が明晰かつ判明な命題であることを確保し、ここに真理の原点を据え置いたうえで、同じように明晰かつ判明な幾何学や力学の命題は普遍的真理であるとした。しかし、これは越権行為に見える。「コギト」の真理性と客観的世界を表す命題（例えば、ユークリッド幾何学の命題やニュートンの運動方程式）の真理性とは、性質の異なるものだからである。だが、「神の誠実性」はこの越権を可能にする。神は誠実であるから、客観的実在世界は「私」が真なる命題で表現するとおりに「ある」のだ。

しかし、カントはこの論法をとらない。カントは、このように神によって「そとから」客観的世界の真理性（客観的妥当性）を保証することを徹底的に拒否し、それを完全に「うちから」すなわち「(人間的)私」だけによってなしうるという道を切り開いた。これが超越論的観念論であり、カントが「コペルニクス的転回」と呼ぶ大転回である。「超越論的統覚」は理性や悟性、感性や構想力という認識能力をア・プリオリに有していて、それによってユークリッド幾何学やニュートン力学などを含むあらゆる客観的世界の真理性（客観的妥当性）は、いかなる「そとから」の助けも借りずに「うちから」保証される。

しかし、ここであらためて問うに、超越論的統覚はなぜ「私」なのであろうか。カントは、経験を綜合的に統一するものをはじめから「統覚」と呼ぶことによって、この問いを跨ぎ越してしまっている。だが、「私」とは、デカルトが示したように、あくまでも個的な「私の現存在（スム）」の端的な感じを基点として了解されるものである。しかし、超越論的統覚はそのようなものではなく、むしろ普遍的なものである、

ここで注目されるのは、カントにおいて、両者をつなぐものとして「自己触発」という作用が導入されていることである。超越論的統覚が客観的実在世界（外的経験）を構成することそのことが、個的な「内的感官」を触発して、個的な「内的経験」を構成するのだ。「私」は一方で、

客観的世界を認識しているが、「統覚」という名の現存在の欠如した、普遍的な「表象の形式」にすぎないわけではない。他方で「私」は〈いま・ここ〉に限定されて、特定の有機体S_1に「宿って」いる現存在にすぎないわけではない。といって、両者の統合でもない。まさに「私」は客観的世界（外的経験）を構成することを通じて客観的時間を構成し、「その上に」自分の現実の経験（内的経験）を書き込むことができる存在なのである。その意味で「私」は宇宙全体を、宇宙の開始以来の時間を包み込み、かつ〈いま・ここ〉に現存在しつつ、「すでにない」現実の過去に対している存在である。

　しかし、さらに問いは進んでいく。なぜ、普遍的な超越論的統覚が個的な「内的感官」を触発して、個的な「内的経験」を構成することができるのか、と。すると、じつはここに、超越論的統覚から内的経験への自己触発の道以前に、私の現存在から超越論的統覚へという「デカルトの道」がすでに開かれていることに気づく。カントの自我論は、私の現存在から超越論的統覚へという「デカルトの道」と、超越論的統覚から内的経験への自己触発の道という、二つの焦点がつくる楕円からなっている。しかも、この楕円は（比喩的に語れば）無限の広がりを有するのではなく、あくまでも有限であり、あらかじめ「物自体」からの触発によって限定されているのである。

第一章　「私」は思考する

第一節　実体としての「私」の否定

1　実体性の誤謬推理

実体性の誤謬推理の形式

本書では、自我に関する論考をまず、『純粋理性批判』第一版の「超越論的弁証論」第一章「超越論的誤謬推理」の考察から開始することにする。この部分は、表面上は実体（Substanz）としての自我を導くような推論の批判であるが、そこには、さまざまな通俗的問題（第二誤謬推理では魂の不滅の問題、第三誤謬推理では心身問題、第四誤謬推理では人格の同一性の問題）が含まれている。第二版においてカントは「超越論的誤謬推理」を大幅に縮小したが、そのためにこうした自我に関する通俗的問題が切り捨てられることになった。つまり、「誤謬推理」は、「私」が指し示すものと「私」という概念の取り違えとに基づく推論とを「誤謬」として退けるものであるが、この作業は、きわめて興味深いことに、超越論的観念論の自我論を浮き彫りにしている。すなわち、カントが否定する実体としての「私」と、カントが肯定する超越論的統覚との差異は、じつは「超越論的主体（tarnszendentales Subjekt）」を介して、自然に繋がっているのだ。実体としての「私」は、カテゴリーに応じて、①実体性、②単一性、③同一性、④観念性という四属性から成っているが、じつのところ超越論的統覚は、①以外の属性を実体としての「私」と共有している。言いかえれば、実体性の誤謬推理だけが本来の誤謬推理である。それは"Subjekt"の二重の意味を利用した誤謬推理であり、古典論理学では「媒概念多義の誤謬」と呼ばれている。その形式をカントはさまざまに表現しているが、ここではより整理された第二版の表現を取り上げよう。

大前提　Ich は Subjekt（主語）である。
小前提　Subjekt（主語＝実体）は、Substanz（実体）である。
結論　　よって、Ich は Substanz である。

この推理は、「主観＝自己意識」と「実体」という“Substanz”との二重の意味（「主語」は両方にまたがるであろう）を利用して結論に導くものであり、その背景には、概念（主語）から現存在（実体）を導くという基本的誤謬が潜んでいる。では、人間理性はなぜこのような誤謬推理を「自然に」犯すのであろうか。なぜなら、デカルトの「コギト・エルゴ・スム」という第一原理が示しているように、その概念が現存在を含むかのように思われるからである。ただし、デカルトは、コギトという概念からスムという現存在に、大前提（すべて思考するものは現存在する）の欠けた三段論法によって至る（コギト推論説）と考えているのではない。それは、むしろ、端的に「精神の洞察（inspectio animi）」によって至るのだ（コギト直覚説）。だがカントは、まずデカルトが「コギト推論説」に基づいていると誤解したうえで、この必然的推論を拒否する。概念から現存在は、三段論法をはじめ、いかなる推理によっても導けない。では、カントによれば、両者の関係はいかなるものか。

私は思考する（私は思考しつつ現存在する）「は現実性を直接に言いあらわしている」。
（A355, 以下『純粋理性批判』からの邦文の引用はすべて拙訳であり、引用箇所は、第一版をA、第二版をBとして原著の頁数を示した）

「私は思考する」は、すでに述べたように、経験的命題であって「私は現実的に存在する」

ことをそのうちに含むものである。（B422）

むしろ、「私が存在する」ということは、「私が思考する」という命題と同一なのである。（B422）

コギトとスムとの関係は、はじめから前者のうちに後者が含まれている、あるいは前者と後者とが同一である、という関係なのである。ここで反省してみるに、デカルトとカントは、概念から現存在が導き出されるのは、例外的に概念のうちに特権的に現存在への道が直接開かれている場合のみだとした点では異なるところがない。両者の違いは、デカルトにおいてはコギトの主体（表記されていない主語）であるエゴ（ego）が、「コギト・エルゴ・スム」を自覚することによって、精神の洞察によって「スム」に至るのであるが、カントにおいては、エゴは「コギト・スム」という仕方ではじめから現存在する、という点にある。とはいえ、デカルトの場合、たとえ「スム」が精神の洞察によってコギトから導かれたとしても、コギトがスムを産み出した（創造した）のではないのだから、スムは受動的に現存在するにすぎない。デカルトの「思惟実体」は、スピノザがすぐに批判するが、みずからの現存在の原因である神とは別の意味における実体、みずからの現存在の原因にはなりえず、みずからの現存在を洞察するだけの「第二実体」にすぎないはずである。カントの「誤謬推理」は、まさにこのことを突いている。

超越論的主体から超越論的統覚へ

誤謬推理は、カテゴリーの数に応じて、①実体性、②単一性、③同一性、④観念性という四属性からなっているが、この推理は、私は現存する（sum, ich existiere）」から独立に「私（ego, ich）」を主語＝実体として取り出すことによって成立している。これが『純粋理性批判』第一版の視点である。これに対して、第二版では、①実体性から開始したことによって誤謬推理が生じたのであり、むしろ、④現実性から開始すれば、誤謬推理は生じないという視点で書き直されている。

これに反して、もしわれわれが分析的方法、すなわち「私は考える」がもともと現実性をそのうちに含む命題と見なされ、（中略）様相を基礎とする方法に従い、この命題を分析して、その内容を、（中略）この私が単に思考するということによって、自己の現実的存在を規定するかどうか、規定するとすればいかにしてであるかを認識しようとする場合には、合理的心理学の諸命題は、一個の思惟する存在体一般〔実体――中島〕の概念〔から始まるのではなく〕、一個の現実性から始まることとなるであろう。（B418）

合理的心理学は、「私」の探究を実体のカテゴリーから始めるゆえに、「実体＝主語＝私」を「私の現存在（sum, ich existiere）」から切り離して分析してしまうのだ。よって、むしろ様相（現実性）のカテゴリーから分析を始めねばならない、そうすれば「私」を、「現存在」から切り離せないことがわかるであろう。このことは一貫したカントの立場である。しかしカントは、デカルトの「コギト・スム」から出発して、いわば逆の道を示してもいるのだ。

〔誤謬推理における「私」は〕この私の意識が他の物へと置き移されたもの以上の何物でもない。ところで、「私は思考する」という命題は、そのさい蓋然的にしか解されていない。すなわち、この命題がある現実存在についての知覚を含むであろう限りにおいてではなく（これが、デカルトの「コギト・エルゴ・スム」であるが）、むしろこの命題の単なる可能性から見られている。

（A347, B405）

「私」は実体性・単純性・同一性・観念性という性質をもつだけの実体ではないが、現実存在を剝奪した観念性＝蓋然性というあり方をした「私」も考えられうる。これをカントは、「超越論的主体（transzendentales Subjekt）」と名づけている。

ところで、思考するこの自我、あるいは彼、あるいはそれ（物）によっては、超越論的主体＝X以上の何ものも表象されないのであって（後略）。

（A404）

この意味での「超越論的主体」は、代名詞としての「私」に呼応するであろう。それは、デカルトの「コギト・スム」が指し示す「現存在する私」ではないが、こういう「可能的（蓋然的）私」であり、（カントの否定する）「実体としての私」と（カントの肯定する）「超越論的統覚」とを橋渡しするような独特の「私」である。すなわち、「超越論的主体」はそのうちに“Subjekt”の二義性を含みもっているが、そのうち「実体」を削除して「主観＝自己意識」という意味だけを残したものが、「超越論的統覚」であると言えるのではなかろうか。これに関して、第一版の誤謬推理の最後の文章は、「コギト・スム」と「実体としての私」とのあいだの微妙な揺れを如実に表している。

（前略）そしてこの表象〔「私はある（Ich bin）」〕は、それがあらゆる私の経験の純粋定式（reines Formel）を（無規定的に）表現するものであるというまさにその理由によって、あらゆる思惟する存在体に対して妥当する普遍的命題であるかのように示され（後略）、（A405）

ここでは、「『私』はあるという個的な表象（die einzelne Vorstellung, Ich bin）」（S.405）が問題なのであるが、まずこれが「私は考える（Ich denke）」だけを切り取ったものでないことは明瞭であり、しかもそれをカントは「私の経験の純粋定式（形式ではないにせよ）と呼び、さらに『無規定的』(unbestimmt)」と付言しているのである。この箇所の動詞は直接法であり(ausdrückt)、そのあとの「あるかのように示され(sieh wie~gelte)」の動詞は接続法第一式であるから、「(無規定的に)表現するものである」までは事実を語っているとみなせる。すなわち、「私はある」は「無規定的な純粋定式」なのであって、しかしそれは誤って「あらゆる思惟する存在体に対して妥当する普遍的命題であるかのように示される」ということが、この文章の趣旨である。

すなわち、この箇所が示唆することは、誤謬推理で俎上に載せられる"Subjekt(主語=主観=実体)"が、実体性、単純性、同一性、観念性という規定を含むのに対して、「無規定的な純粋定式」である「私はある」は、「超越論的主体(あらゆる思惟する存在体に対して妥当する普遍的命題)」から「超越論的統覚」への移行を表すものとみなせるであろう。

2 単純性の誤謬推理

実体としての魂と超越論的統覚とのあいだ

以上の結論に連関して、単純性の誤謬推理は、魂の不滅(不死)をめぐるものであるが、『純粋理性批判』第一版においてカントは、実体としての魂と超越論的統覚との「あいだ」をめぐる問題に足を踏み入れ、そこにはきわめて注目すべき洞察が見られる。

「私は単純である」という命題は、統覚の直接的な表現として見られなければならない。このことは、誤って推論とみなされているデカルト的推論、「私は思考する、ゆえに私は存在する（cogito, ergo, sum.）」が、実際には同語反復であるのと同様である。なぜなら、「私は思考する（私は思考しつつ存在する）（das cogito〔sum cogitans〕）」は現実性を直接的に表明するからである。（A355）

ここにおけるカントの洞察は、「コギト」は単純（単一）であるが、それは「私」という概念の単純性によって証明されるのではなく、現存在する「私」の単純性から、すなわち「統覚の直接的な表現として見られなければならない」ということである。

第一版の誤謬推理の次の箇所で、カントはさらにはっきりと、「コギト（思考する私）」と「コギト・スム（現存在する私）」との微妙な関係を具体的に描写している。

もしひとが思考する存在体を表象しようとするなら、その代わりに自分自身を置き、よって、考量する対象に自分自身の主観を置き入れなければならない（中略）、そしてわれわれはこのことによってのみ、思考内容に対する主観の絶対的統一を要求する。〔続篇後略〕（A353f）

ここにおいてもまた、先に実体性の誤謬推理でみたように、「思考内容に対する主観の絶対的統一」が「私はある」から「超越論的統覚」への移行を表しているようにみえる。つまり、「ひと（『コギト・スム』の主体）」が「思考する存在体（ein denkend Wesen）」の位置に「自分自身」を、すなわち「コギト・スムの主体」を置くとき、「思考内容に対する主観の絶対的統一を要求する」ことになるのである。

これは、固有の現存在（スム）を捨象して、「コギト・スム」の主体を「思考する存在体」とみなすときに成立し、言いかえれば「コギト・スム」の現実性から「思考する存在体」一般へという可能性への転換によって成立するということである。これは「思考する存在体（Wesen）」なのであって、実体の性格を残しているゆえに、そのまま「超越論的統覚」とは言えないが、これから実体性を払拭して完全に意識の作用に限定するとき、「思考する存在体」は「超越論的統覚」へと変身するであろう。

3　観念性の誤謬推理

第一版の「観念論論駁」

『純粋理性批判』第一版の「観念性の誤謬推理」は、超越論的観念論の存在論とも言える地位にある。ここでカントの言う「観念論」とは、「すべての外的現象は、現実に存在するということを直接には知覚することができず、与えられた知覚の原因としてのみ、それを推論することができる」（A367）というものである。すなわち、コギトが現に存在することは確実であるが、外的世界（外的経験）が現に存在するかどうかは疑わしいという主張である。しかし、カントはこれに対して、外的現象も直接与えられるとする。

> 超越論的観念論者は経験的実在論者であることができる。すなわちいわゆる二元論者（Dualist）であることができるのである。換言すれば、単なる自己意識の外に出ることなく、また私のうちなる表象の確実性、すなわち「コギト・エルゴ・スム」以上の何ものも想定することなくして、物質の現実的存在を承認するものである。
>
> （A370. 以下、断りのない限り、強調（傍点）はすべて原著者のもの）

この誤謬推理において、カントはいわゆる「心身問題」に正面から取り組んでいるわけではない。カントの意図は、「私の〈こころ〉」が「私の身体」から独立にそれ自体として実在する、という推理を誤謬として退けるだけである。このことによってカントは、〈こころ〉が「私の身体」に「宿る」ことが必然的である、と言いたいわけではない。

「演繹論」で同じ主張をしていることからみても、カントがこういう素朴な仕方で、デカルト以来の「心身問題」というアポリアに挑んでいることは注目すべきである。その論旨を再現してみれば、次のようになる。〈こころ〉は「私の身体」とはまったく異なったあり方をしている。

後者は延長する物質から成っているが、前者は「観念的なもの」である。しかし、だからと言って、前者が後者から独立に現存在することは導けない。カントの主張は、①〈こころ〉がそれ自体として現存在する実体ではないこと、それにもかかわらず、②〈こころ〉が（事実上）何らかの「（人間的）身体」を必要とすること、という二点からなっている。そのうえで、カントは、さらに〈こころ〉と「私の身体」との特定の関係を問うことを拒否するのだ。

同一のものの異なった現れの仕方

以上の基本構図を保ちながら、カントは、第一版の「単純性の誤謬推理」における次の箇所において、さらに大胆な一歩を進めている。

> このようにして、一方の関係において物体的と称されるまさにその同一のものが、同時に他方の関係においては思考する存在者であることになるであろう。われわれはこの思考する存在者の思考内容をなるほど直観することはできないが、現象におけるその表示物は直観することができるのである。以上のことにより、魂（実体の特別な種類）のみが思考するという表現は排除され、むしろ通常に言われるように、人間が考える、すなわち外的現象として延長しているまさにその同一のものが内的には（それ自体として）主体であって、合成されたものではなく、単純であり、思考する主体であることになるであろう。（A349f, 強調、中島）

ここでも、カントは心身問題に直接切り込まずに、「人間」において魂と身体とは「同一なもの」の異なった現れの仕方でありうるが、それらの関係を語ることはできない、という謙抑《けんよく》の姿勢に留まっている。

第一版の「観念性の誤謬推理」においてカントは、デカルトの「思惟実体（res cogitans）」と「延長実体（res extensa）」という構図を打ち破って、心身問題に新たな照明を当てる構図を提示した。それが超越論的観念論なのであり、「私の〈こころ〉」と「私の身体」との関係を、「内的経験」と「外的経験」との関係に移行させたうえで解決を図るものである。〈こころ〉の秘密は「私の現存在」ではなく、「私」の現実的な過去の体験系列としての「内的経験」にある。内的経験こそ、超越論的統覚を根底において支えている「私」なのであって、これなしでは超越論的統覚は抽象的な記号にすぎず（現存在する「私」に関係づけられず）、超越論的観念論は崩壊してしまうであろう。

なお、誤謬推理にはあと一つ、「同一性の誤謬推理」があるが、これはあとの三つの誤謬推理とはいちじるしく性格を異にし、むしろ内的経験を成立させる主要条件であるので、「第八節 内的経験」のうちで考察することにする。

第二節　超越論的統覚

1　超越論的統覚への道

表象と現象

本節では、超越論的観念論における表向きの主役としての自我である「統覚」について考察することにしよう。さしあたり注意しておくと、（普通考えられているように）カントは現象（Erscheinung）と物自体とを対立させているのではなく、むしろ「表象（Vorstellung）」と物自体とを対立させているということである。超越論的観念論とは、現象を物自体ではなく、表象とみなすという立場であり、現象はこの対立以前の存在論的にニュートラルなものとみなされている。

ところで、私があらゆる現象の超越論的観念論という概念によって理解しているのは、それに従えば、私たちがあらゆる現象を総じて単なる表象とみなし、物自体そのものとみなさな

い学説である。　（A369）

「表象（Vorstellung）」という概念は、ラテン語の“repraesentatio”あるいはギリシャ語をそのまま受け継いだ“idea”の翻訳であって、本来「観念」と訳すべきであるが、カントは“idea”のドイツ語である“Idee”に「理念」という特殊の意味を与えてしまったので、「観念」に当たるドイツ語訳としてこの「表象」を採用した。しかし、採用してみるとドイツ語特有の意味を担ってしまう。すなわち“Vorstellung”は、ドイツ語では“ich stelle mir X vor.（私はXを私の前に立てる）”というように使用し、「私にとって（のみ）存在するもの」という意味が強くなる（現象〔Erscheinung〕はそうではないが）。

ショーペンハウアーは『意志と表象としての世界』の冒頭で、「世界は私の表象である」と、さも大発見したかのように叫んでいるが、以上のことが背景にある。カントも、ここで「私から（独立に）それ自体として存在するものに対して）、「私にとって（のみ）存在するもの」という対比を強調したかったがゆえに、物自体に対立するものとして（現象ではなく）表象という概念を採用したのであろう。

その表象の直接的知覚（意識）は、同時にその表象の現実性の充分な証明である。（A371）

ここで重要なのは、「実在性（Realität）」と「現実性（Wirklichkeit）」との厳密な区別である。実在性とは（ニュートンに代表される）物理学が描く世界をモデルとみなせるであろう。すなわち、「実在的なもの」の典型例は、客観的時間・空間のいつか・どこかに位置し、普遍的な運動法則に従う物理学的対象、すなわち物体である。そして、それをとらえる「私」が超越論的統覚であり、それによってとらえられる対象一般が「可能な経験」である。とすると、「可能な経験」とは、「外的経験」にほかならないことになる。

これに対して、「現実的なもの」とは、この「可能な経験」における対象が、〈いま〉現に「私」に知覚あるいは想起を通じて直接与えられているもの、言いかえれば「内的経験」の対象である。よって、先の引用箇所は、次のように言いかえられる。

その実在的なものの直接的知覚（意識）は、同時にその実在的なものの現実性の充分な証明である。

あるものが実在的である限り、われわれは直接的知覚（意識）によって、その現実性を推論するのではなく、それだけで直接に、その知覚がその現実性を示すのである。こうして、「実在性から現実性への道」は、はじめから確保されている。ずっと切り詰めれば、超越論的観念論とは外的現象を（推論によってではなく、直接に）実在するとみなす立場である。このことは用語の上からは、外的現象を「表象」であるとすることによって保証される。

> よって、あらゆる外的知覚は、空間における何か現実的なものを直接的に証明し、あるいはむしろ現実的なものそれ自身であり、よって経験的実在論には疑いの余地はない。
>
> （A375）（強調、中島）

なお、引用文中の「空間における何か現実的なもの」は、「空間における何か実在的なもの」と言いかえるべきであろう。なぜなら、これは（ニュートン的自然がその骨格を形づくる）実在的・客観的世界への超越という含みで語られているからである。

この背景には、越論的観念論の基本構図、とくに統覚を導く「分析的な方法」と「綜合的な方法」との区別という壮大な方法論が控えている。

分析的な道（方法）と綜合的な道（方法）

カントによれば、道徳哲学（＝人倫の形而上学）は、方法的に「分析の道」と「綜合の道」という自己回帰的構造をとらざるをえない。このことは、『人倫の形而上学の基礎づけ』の「序言」で明確に語られている。

この本での叙述の方法としては、私に最も適切だと思われる物を採用した。すなわちそれは、通常の認識（常識）からそれの最高の原理の確定へと分析的に進み、そしてこの原理の吟味とそれの源泉とから、再びその原理の使用がなされることの通常の認識へ、綜合的に戻ってゆくという方法である。

（『カント』「人倫の形而上学の基礎づけ」野田又夫訳、世界の名著三二、
中央公論社、一九七二年、二三三頁）

カントは『純粋理性批判』（一七八一年）の二年後に刊行された『プロレゴメナ』の「序論」においても、『純粋理性批判』は「綜合的な方法」をとり、『プロレゴメナ』は「分析的な方法」をとる、と言っている（この場合、「道」と「方法」は同義とみなしていいであろう）。

ところでここに「批判」がすでに完成されたあとでできた設計図〔『プロレゴメナ』〕がある、この設計図は――これから本文で示す通り――、分析的な方法に従って立案されているが、これはそれで差し支えないのである、しかし「批判」そのものは、あくまで綜合的な方法に従って作成されねばならなかった。それはこの学が、そのすべての構成要素の連関を――換言すれば、一つのきわめて特異な認識能力の全構造を、この構造が自然的に結合しているままの形で提示するためであった。（『プロレゴメナ』篠田英雄訳、岩波文庫、一九七七年、二八頁）

両者をつなげば、『プロレゴメナ』は「普通の認識から始めて、この認識の最高原理の規定に達する」という「分析的な道（方法）」をとるが、『純粋理性批判』は「最高原理の吟味、およびこの原理の起源から始めて、その原理が使用されている普通の認識へ戻る」という「綜合的な道（方法）」をとる。すなわち、前者は経験的認識から、ア・プリオリな理性認識へと高まる道（方法）であり、後者は逆にア・プリオリな認識から経験的認識へと戻る道（方法）である。

第一版の「主観的演繹」

とはいえ、『純粋理性批判』第一版の「演繹論」では、「感覚の多様」が、綜合的に統一されて統覚に至る道が記述されていて、先の分類では「分析的な道」をとっているかのようにみえる。しかし、よくみるとこの道は、まず統覚を前提した上で、それに必要な要件を経験に与えられたものへと徐々にくだっていくという方法であって、厳密には「分析的な道」とは言えないであろう。実際、カントはこの「主観的演繹」を第二版の「演繹論」では、すっかり削除しているのである。

また、カントは、『プロレゴメナ』において、たしかに知覚判断から経験判断への移行という道を主題化したが、その道を詳細に示しているわけではない（これは、第六節で扱う）。そして、この道を正確に示すことは、超越論的観念論の枠内では不可能なことであろう。なぜなら、（後に詳述するが）『純粋理性批判』は、「超越論的感性論」から「超越論的原則論」まで、経験の可能性の条件である直観形式としての時間・空間と、思考の形式としてのカテゴリーとを析出し、それらによって可能な経験を構成するという「綜合の道」をたどるのであるが、その場合、知覚（あるいは想起）を跳び越して、はじめから物理学的物体の認識だけを目指しているからである。

> ところでいまわれわれの従っている方法は、分析的ということになっているから、われわれは綜合的ではあるが、しかし純粋な理性認識が実際に存在しているという事実から出発することになるだろう。だが、それにしてもわれわれは、この種の認識を可能ならしめる根拠を究明して、かかる認識がどうして可能かということを問わねばならない。それは——われわれがこのような認識をならしめる諸原理に基づいて、この認識を使用するための条件や使用の範囲および限界を規定することができるようになるためである。（同書、五四頁）

デカルトの道

デカルトは、表面的には「明晰かつ判明（clare et distincte）」という絶対的規準によって、しかしじつはその背後に控える「神は私の認識をだますことはない」という「神の誠実性」によって、「私の現存在」から実在的・客観的世界へとスムーズに移行（超越）することができた。しかし、カントの場合、「神の誠実性」に頼むことを拒否し、「私」の能力だけで同じことをしようとして、「私」を「現存在する私」と「超越論的統覚」とに（無理矢理？）引き裂いたが、この二元性は最後まで癒着しないままアポリアとして残ってしまうのである。

　超越論的統覚以前に前提されている「私の現存在」は、超越論的観念論の構図のうちでは、さしあたり「物自体」と似た身分であるように思われる。このあたりは慎重に語らねばならないが、「物自体」とは超越論的観念論がみずからを維持するために必要なものであり、それを補完するものであるが、超越論的観念論の「うち」でそれを語ることはできないものである（第二章で立ちいって考察するが）。同様に「現存在＝現実性」は、それ自身から端的に理解するほかないのではあるが、これを「物自体」に融合させることはできないであろう。

　たしかに「私の現存在」はそこにおいて世界の現実性が開かれる唯一のものであるが、世界全体の現実性がまるごと「私の現存在」に依存するはずはないであろう。このあたりは、後にフッサールによって、『イデーン』における、世界の現実性をカッコに入れるという「第一のエポケー」という方法、さらにその後の『デカルト的省察』における他者の現実性をカッコに入れるという「第二のエポケー」という方法が提起されているが、カントがこうしたフッサールの問題意識を共有していないことは明らかである。

　すなわち、カントの超越論的観念論は、さしあたり多数の「私」が存在すると想定されるが、「私」はそのうち、「この私」の現存在のみを端的に感じるという構図をとらない。そして、デカルトに倣って、最初から最後まで〈いま・ここ〉に現存在する個的な「私」にのみ照準を合わせる。しかも、その「そと」の視点を完全にシャットアウトした視点に留まる。なぜなら、カントは多数の「私」が存在すると語る視点をとることが越権行為であるのを知っているからである。「私」とは何かは、超越論的観念論によって提起された超越論的統覚、およびそれ以前に端的に与えられている「私の現存在」だけから完全に理解でき、しかも両者の示すものは、対立する二つのものではなく、端的に一である。超越論的観念論における自我論のかなめは、この個的な「現存在する私」が、とりもなおさず普遍的な超越論的統覚「である」ということを示すのである。

「統覚」という概念

以上の考察を経て、あらためて「統覚（apperceptio）」という概念を反省してみるに、これはライプニッツに由来する。個々の知覚（perceptio）は世界のさまざまな事象に向かうが、統覚とはこれら「について（ad）」という接頭語が付加された独特の知覚、すなわち個々の知覚についての反省的知覚である。よって、「誤謬推理」とは、「統覚」ではなく、概念としての「主観（Subjekt）」だけをみすえて、そこから「私」の性質を導くという間違いなのである。

しかし、この学〔超越論的心理学〕の根底に、われわれは単純な、それ自身だけでは内容のまったくない空虚な表象にほかならない自我以外の何ものも置くことはできない。自我というこの表象は、一つの概念であると言われることはけっしてできず、すべての概念に伴う単な

る意識でしかない。　（A 345f, B404）

ここに描かれている「空虚な表象にほかならない自我」を、ただちに「超越論的統覚」と呼んでいいのか、その判定には慎重でなければならない。というのも、ここであくまでもカントは「超越論的心理学」という場面で「私」を語っているからである。この直後に「超越論的主体＝X」が登場してくるのであり（「超越論的統覚」ではない）、これをいかに解するかが「空虚な表象にほかならない自我」と「超越論的統覚」との連関の鍵となる。

ところで、思考するこの自我、あるいは彼、あるいはそれ〔物〕によっては、諸述語の超越論的主体＝X以上の何ものも表象されないのであって、（後略）　（A346, B404）

ここで、カントが"Subjekt"を「意識主体＝統覚」の意味（Subjekt ②）に限定するのではなく、同時に「実体」の意味（Subjekt ①）でも使用していることは、すでに見たように"Subjekt"という概念の二重性を利用する「誤謬推理」との連関から明らかである。すると、当該引用箇所は、「空虚な表象にほかならない自我」は、それだけでは"Subjekt ①"に留まるが、それに意識が伴う限り"Subjekt ②"に転ずる、と読めるであろう。そして「超越論的主体における"Subjekt"」を②に限定する限り、それは「超越論的統覚＝純粋統覚」なのである（超越論的統覚と純粋統覚との関係については、さらに第三節で踏み込んで考察する)。

「空虚な表象にほかならない自我」は、引用した文章の前後で、「表象一般の形式(Form der Vorstellung überhaupt)」(A346,B404)、ないし「あるもの一般(ein Etwas überhaupt)」(A355, B407)と言いかえられている。これらの表現によって、カントは自我が「超越論的主観」のように実体性、観念性、同一性という内容をもつのではなく、ただあらゆる表象に「伴う」(正確には伴いうる)というあり方をしている、と言いたいのである。

しかし、ここで注意しておくと、カントの認識論における「形式」は(直観の形式である時間・空間も、思考の形式であるカテゴリーも、さらには道徳法則もそうであるが)、抽象的な枠組みのようなものではなくて、フッサールの用語を使えば、「志向性(Intentionalität)」を携えた意識の作用にほかならない。

「現実性」の(表面的)捨象

なお、きわめて重要なことであるが、「超越論的主体」をSubject ②の意識主体の意味に限定して超越論的統覚を析出するときに、ただちにデカルトの「コギト・スム」と重ねあわされているわけではない、ということがある。超越論的統覚と「コギト・スム」との関係は、あらためて論じられねばならない。そして、あえて探せば、「演繹論」における次の箇所がそれを示しているとも言えよう。

ところで、「私が思考する」をいささかなりとも表象しうるのは、（中略）この私の意識が他の物へと置き移されたもの（Übertragung）以上の何ものでもない。ところで、「私は思考する」という命題は、そのさい蓋然的（problematisch）にしか解せられていない。すなわち、この命題がある現存在についての知覚を含むであろう限りにおいてではなく（これが、デカルトの「コギト・エルゴ・スム」であるが）、むしろ、この命題の単なる可能性から見られている。

（A347, B405）

デカルトにおいては、コギトは当然、「ある現存在についての知覚を含む」のであるが、超越論的統覚はそれを含まず、よって「単なる可能性＝蓋然性」というあり方をしている。だが、「ある現存在についての知覚」を伴うからこそ、コギトは「私は〜」と発話する意識主体なのであって、それを捨象した、ただの可能性としてのコギトは、単なる「私」という人称代名詞にすぎない。このことを言いかえれば、われわれが「私」という概念を理解しているかぎり、特定の「現存在」を含まない「私」という人称代名詞を理解していることも確かである。これが「この私の意識が他の物へと置き移されたもの（Übertragung）」という意味であり、一つ前の引用箇所（この書、三九頁）における、「思考するこの自我、あるいは彼、あるいはそれ（物）によっては」という表現の意味するところである。

超越論的統覚において、現存在（現実性）は（少なくとも表面上）捨象されたままである。「誤謬推理」における次の箇所は、この「捨象（Abstruktion）」の意味を正確に語っている。

> 私が自分自身を思考するのは、可能的経験のためでありながら、そのさい私はさらにすべての現実的経験を捨象していて、だからこのことから、私は私の現実存在を経験と経験的な諸条件の外でも意識しうると推論する。
>
> （B426-B427）

「自己意識」は、私の現存在の「外でも」、すなわち「蓋然的＝可能的」のレベルでも成立しうる。これが、「純粋な形式」としての純粋統覚という方向に直接つながる。しかし、視点を変えると、たとえ現実的経験を捨象して「形式」であるにすぎない統覚が析出されたとしても、この統覚が依然として「私」である限り、やはりそれは「私の現存在」（スム）との関係を断ってはならない。「私は、私の現実存在を経験と経験的な諸条件との外でも意識しうると推論する」という場合の「推論」とは、ヘーゲル的に言えば「否定」であるが、この推論が成り立つのは、統覚が「私の現存在」との根源的関係にあるからこそなのである。

こうして、「ある現存在についての知覚」を伴うデカルト的コギトは、それが（表面上）捨象されてカント的統覚に変換されたのであるが、この変換とともにもともとのデカルト的コギトは消失したのではなく、根源的な統覚の否定性として存続し、統覚を支え続ける超越論的統覚において、現実性は依然として（少なくとも表面上）捨象されたままである。

超越論的観念論とは、「現実性」の極である「私の現存在」を（表面上）捨象して、「実在性」の極である統覚に沿って統一世界を描き出そうとする試みである。よって、その統一世界とは「可能な経験」、すなわち（実在的）可能的世界であって、「私の現存在」を源泉とする「現実性」が徹底的に排除されているのだ。こうした観点からみれば、カントの超越論的観念論はデカルトの「コギト・エルゴ・スム」という第一原理を直接継承しているのではなく、むしろその否定的継承である。

「現実的」〈いま〉

「現実性」の捨象は、時間という観点からみれば、「現実的な〈いま〉」の捨象にほかならない。統覚に対する客観的・実在的世界は、カテゴリーと客観的時間・空間という経験を可能にする条件によって可能にされた世界であり、その客観的時間とは空間化された時間であって、（物理学において明らかなように）そこには可能的な〈いま〉しか登場してこない。それぞれの点（⊿t）が可能的な〈いま〉であり、その点から一方の方向に延びる線上の点の集合が可能的な過去であって、反対の方向に延びる線上の点の集合が可能的な未来なのである。そして、それらの幅のある点⊿tのうち、いかなる〈いま〉がすでに実現されているのか、そしていかなる〈いま〉がまだ実現されていないのかは、そこに表現されてはいない。しかし、「私」は「可能的な〈いま〉」

をそれだけとして（現実的な〈いま〉と切り離しては）理解できない。可能的な〈いま〉は、端的に理解できる現実的な〈いま〉から現実性を捨象して理解するしかないのだ。

こうして「私」が直線上に、適当に幅のある点⊿tのが等質に位置するような物理学的時間を「時間」として理解しうるとすると、そのためには、各⊿tのが「現実的な〈いま〉」の「現実性」を捨象したものであるという仕方で、すなわち「可能性な〈いま〉」を「現実的な〈いま〉」の否定として（けっして逆ではなく）理解する以外にはない。そして、現実性を「私」はこの意味で、「私の現存在」から理解するしかないのであるから、『純粋理性批判』における時間論の全体、ひいては「超越論的感性論」の全体、さらには超越論的観念論は「私の現存在」に依存している。そして、この方向に、自己触発の作用が、的確に意味づけられるのだ（このことは第七節で検討することにしよう）。

統覚は実在的なものである

以上の考察に基づいて、次に「統覚」の存在論的身分を問うてみよう。「私の現存在」を（表面上）捨象して成立する「統覚」を、カントは「表象一般の形式」と呼ぶが、それにもかかわらず、それは概念でも理念でも物自体でも仮説でもなく、独特の意味で「実在する」。

統覚は実在的なもの（das Reale）である。（後略）　（B419）

この宣言は、一見不思議なものである。カントにおいて実在的なものは、①経験的実在性と、②超越的実在性とに区分され、①の代表は物体など物理学的対象であり、数や図形などの数学的対象であって、②は神や不滅の魂などの経験を超えるものであり、その実在性は認められない。しかし、③夢や幻覚ではない知覚の対象、すなわちそれ自体は物理学的対象であるが、それにまといつくさまざまな性質（色、音、肌触り、痛み）は実在的であるとは言えないであろう（この問題は第六節で扱う）。

ところで、これらとは異なり、「経験を一般的に可能にする条件」である「直観形式としての時間・空間」や「思考形式としてのカテゴリー」や「純粋な形式」は、概念でも理念でも法則でも仮説でもなく、まして仮象でも物自体でもないが、ただちに実在的と言えるのかどうかの判定は容易ではない。さしあたり統覚に照準を絞ると、統覚はそのまま、「私が私自身を意識すること（自己意識）」なのであるが、その実在性は、二つの段階において考えられる。「超越論的統覚」に限定した場合、統覚は客観的・実在的・可能的世界を構成する能力をもつもの、すなわち経験（実在世界）を「一般的に可能にする条件」として、それ自体実在的である（実在世界を構成するものが虚構であってはならない）。

こうして、超越論的統覚の確立とは、（実在的）可能性の極としての「私」のみを特権的に抉り出し、「現実性」の極としての「私」を（表面上）消去するという大胆な操作によって成り立っている。この操作に基づいて、直観の形式である時間・空間は物体の運動を測定できるような物理学的時間と空間に限定され、象徴的には〈いま〉と〈ここ〉とが消去され、思考の形式であるカテゴリーは物体の運動の基礎となるような量・質・関係に限られることになったのである。

フッサールにおける純粋意識の現実存在

ここで、カントの統覚との対比物として、フッサールの（『イデーン』における）純粋意識のあり方を参照することにしよう。注目すべきことに、フッサールは、『イデーン』第一巻第三章で、純粋意識を、客観的・実在的世界から切り離しても「現実存在する」（カントの用語法では「実在する」とすべき）とみなしている。これはカントからの大きな離脱であり、カントの超越論的自我論とフッサールの現象学的自我論との大きな差異を意味するものである。

> 意識の存在、つまりあらゆる体験流一般の存在は、事物世界が無と化せしめられることがあろうとも、なるほどそれによって必然的に変様を蒙りはするであろうが、しかしおのれ固有の現実存在に関しては何の影響も蒙らないであろう。
>
> （『イデーン』I-1、渡辺二郎訳、みすず書房、一九七九年、二一一頁）

内在的存在はそれゆえ、それが現実存在スルタメニハ原理的ニイカナル「事物」ヲモ必要トシナイという意味において疑いもなく、絶対的な存在である。

（同書、二一一頁。片仮名表記は、原著ではラテン語ないしギリシャ語）

純粋意識は、すなわち現象学を遂行する自我であり、自然的態度で記述されていた現実世界を、あらためて現象学的態度で（ノエシスとノエマによって）書き換えることを実践する自我である。世界の現実性は括弧に入れられた（判断停止された）。しかし、「事物世界が無と化せしめられることがあろうとも」、純粋意識は「おのれ固有の現実性に関しては何の影響も蒙らない」。こうして、フッサールの場合、純粋意識はそれ自身現実的であり、その現実性はそれ自身によってのみ保証されるという意味で「絶対的な存在」である。

しかし、カントの統覚は、むしろ現実性を（表面上）捨象することによって成立している。それは現実的な「私」から、その現実性を（表面上）捨象して成立したものである。だが、それは「現存在する私」と何らかの仕方で（少なくとも否定的に）連関している（でなければ、それを読む者は、それが「私」であることを、どうして理解できるのであろうか）。

しかし、『純粋理性批判』内部においても、統覚はいつまでも「現存在する私」と分離されているわけではない。統覚は内的感官を触発するという「自己触発」の作用によって「現存在する私」との連関を取り戻す。それに関しては本章の第七節で詳細に考察するが、ここでその概要を語っておけば、自己触発とは「現存在する私」を（表面上）捨象して成立した超越論的統覚が、その「現実性」を取り戻す作用なのであるが、そのことを通じて固有の現実的体験の系列である「内的経験」を開く作用である。それは、すなわち空間化された客観的時間から（現実的）〈いま〉を、そして（現実的）〈過去〉を取り戻す作用でもあるのだ。

2　経験を構成する統覚

統覚と感性的直観

「統覚」というタームが『純粋理性批判』ではじめて現れるのは、第一版の「主観的演繹」の最後である。

> なお、この根源的な、そして超越論的な条件は、超越論的統覚にほかならない。　（A107）

超越論的統覚とは（人間のような）有限な感性的・理性的存在者にとっての統覚である。よって、統覚と感性的直観との関係が問題となる。それは、現象（感性的直観）から独立のものではなく、むしろ感性的直観を取り込むことによって、経験の諸対象を「可能にする」、すなわち「ア・プリオリに構成する」統覚である。そのことは次の文章のうちに凝縮して表現されている。

> だから、空間も、空間の何らかのア・プリオリな幾何学的規定も、超越論的表象ではなく、ただ、その表象が経験的起源をまったくもたないという認識と、それにもかかわらず、それが経験の対象とア・プリオリに連関しうる可能性とが、超越論的と呼ばれうる。
>
> （A56, B80f）

ここからもわかるとおり、カントは「幾何学的規定（作図）」をモデルとして、①「その表象が経験的起源をまったくもたない」が、しかも、②「経験の対象とア・プリオリに連関しうる可能性」をもつという、一見互いに両立しない二つのメルクマールによって「超越論的（transzendental）」という概念を規定している。幾何学における作図＝構成が、この概念を導いている。この場合、幾何学的構成と物体構成との差異は何であろうか。それは「質料」である。幾何学的構成が純粋直観としての空間において成立するのみであるのに対して、超越論的構成は「空間における経験の対象」、すなわち物体（物質＝質料）を取り込まねばならない。このことにより、物体構成は、ア・プリオリに幾何学図形と連関し、しかも経験の対象＝実在へと超越する、という難問を含むことになる。

さらに、物体構成が幾何学的構成をベースにしていることから、それは（幾何学同様）空間に関する構成であって、時間に関する構成とは直結しないことが自然に導かれる。すでに検討したように、超越論的観念論における時間は空間化された時間順序からなる物理学的時間であって、それは空間化された時間がそこを貫いている外的経験に適合している。しかし、「私」が現に経験してきたことの系列である内的経験は、「現実的な〈いま〉」を起点とするかつての〈いま〉、すなわち現実的な過去の系列であるから、こうした時間には適合していない。

よって、超越論的観念論を「構成主義（Konstruktionismus）」と呼ぶとすれば、それは現実性を（表面上）捨象して、もっぱら客観的・実在的世界を構成する能力をもつ超越論的統覚を「根源的」とみなす理論であるが、その構成の最も基層には幾何学的構成が位置し、物体構成もこれに基づく、という独特の構成主義なのである。次に、幾何学的構成とは何かを立ち入ってみてみよう。

幾何学的構成＝作図

『純粋理性批判』の「方法論」には、次の有名な区別がある。

哲学的認識とは概念からの理性認識であり、数学的認識とは概念の構成からの理性認識である。ところで、ある概念を構成するとは、その概念に対応する直観をア・プリオリに提示することである。（中略）そこで私が一つの三角形を構成するのは、私がこの概念に対応する対象をもっぱら構想力によって純粋直観のうちに提示することによってか、あるいは構想力に従いつつも、また紙の上に、つまり経験的直観のうちに提示することによってであり、しか

> も両方の場合とも完全にア・プリオリに、すなわちこれについてのいかなる例も何らかの経験から借りてくることなしに、提示することによってである。
> （A713f, B741f）

「私」が幾何学図形を作図（構成）するとき、一つの作用が二つの機能を兼ね備えている。すなわち、構想力によって、①「概念に対応する対象を」純粋直観のうちに提示する機能（幾何学的構成）と、②その同じ対象を「紙の上に、つまり経験的直観のうちに提示する」機能（超越論的構成）とである。後者の対象は特定の物体であるから、他の諸物体とともに因果関係ないし相互関係によって「一つの経験」のうちに位置づけられる。すなわち、「私」は紙の上に半径が五センチメートルの歪んだ円Z_eを作図するとともに、まさにそのことによって純粋直観の上に半径が五センチメートルの純粋な円Z_rを作図するのだ。カントは（プラトンのように）Z_rをZ_eから独立の存在（イデア的なもの）とみなすことはなく、Z_rはZ_eが「ある」ところに「ある」。すなわち、そこで幾何学が成立する純粋直観としての空間は、そこで物理学が成立する物理学的空間にほかならないのである。この連関については、『プロレゴメナ』における次の文章に注目しなければならない。

> 純粋数学——特に純粋幾何学は——この学が感官の対象だけに関係するという条件のもとでのみ、客観的実在性をもつことができる。

（カント『プロレゴメナ』篠田英雄訳、岩波文庫、一九七七年、七七頁）

「感官の対象」とは知覚の対象であり、カントはここで純粋数学は知覚の対象に関係することによってはじめて成り立つと言っている。幾何学図形は純粋空間上に「じかに」描かれるのではなく、（紙やホワイトボードや、砂などの）経験の対象としての物体上に描かれねばならない。われわれは幾何学の作図をするとき、これらの物体上に幅のある線を引くことによって、同時に純粋な線も引いているのだ。

純粋直観としての三角形は、紙の上の三角形としての具体的図形を「実際に可能ならしめること（幅のある線を引くこと）」によってはじめて実在的である。しかし、純粋三角形は経験的三角形に依存するのではない。逆に、純粋三角形はこの具体的図形に「先立って」、純粋な図形として作図される。とはいえ、まず「想像空間ないしイデア界にある」純粋三角形を作図し、次に紙の上に経験的三角形を作図するのではない。具体的作用は「紙の上に線を引くこと」だけであるが、ここにおいて二重の作用が成立している。「私」は、経験的直観として幅のある線を引くことによって、（権利上）「それに先立って」純粋直観において純粋な線を引いているのである。すなわち、『純粋理性批判』（第一版）演繹論」の記述に従えば、「私」は「経験的綜合をなすことを通じて純粋綜合をなす」のだ。

まさに、アリストテレスの言うように、「われわれにとって先なるもの」と「それ自体として先なるもの」とは逆転している。紙の上に描かれた三角形は、「われわれにとって先なるもの」であるが、純粋直観に描かれた三角形は、「それ自体として先なるもの」である。とはいえ、「私」は紙の上に作図することなしに、純粋な三角形を純粋直観のうえに作図できるわけではなく、あくまでも紙の上に作図することを通して、根源的な純粋三角形を作図するのである。これが、幾何学的対象の「構成」という意味である。

一本の線を頭の中で引くこと

『純粋理性批判』のうち最も謎に包まれているのが、統覚と時間との関係である。統覚それ自体は時間的存在ではないが、時間的な実在的・客観的世界を構成することができる。このことは「いかにして可能なのか」。この問いが悟性と感性との関係を問い、「図式論」を喚び起こし、超越論的統覚が内的感官を触発するという自己触発の作用を謎に満ちたものにしている。これを言いかえれば、「私の現存在」から現存在を（表面上）捨象して超越論的統覚に移行したとき、この統覚という名の「私」はあらかじめ実在的・客観的世界（外的経験）を構成する能力をもったもの、とみなされている。そして、その根底には、「線を引く」という行為が潜んでいる。

私が一本の線を頭のなかで引こうとしてみたり、あるいはある日の正午から次の日の正午までの時間を数えようとしてみたり、（中略）私はまず第一に必然的にこれらの多様な諸表象を

次々に頭のなかでとらえねばならないということは明白である。（A102）

「線を引く」という行為は、第一版の「主観的演繹」のこの箇所に、最初に登場してくる。ここでまず注目すべきことは、この「線を引く」事例として、カントがいきなり「ある日の正午から次の日の正午までの時間を数え」ると言っていることである、この単純な行為が一挙に時間と空間の根底をなすことによって、両者の差異性を（表面上）消去しているのである。「私」は「線を引く」ことによってはじめて時間を表象できるのであるが、この操作によって、「引かれた線」は空間を表すと同時に時間を表すことができるのだ。このことは、第一原則「直観の公理」における次の箇所で明記されている。

私は、いかなる線をも、どれほどその線が短いものであるにせよ、それを思想のうちで引いてみることなしには、言いかえれば、一つの点からすべての部分を順次生み出し、このことによってはじめてその線を描き出すことなしには、表象することはできない。（A162-A163, B365）

ここで想い起こされるのは、「運動の前後の数」というアリストテレスの時間の定義であり、両者の差異を考察してみれば、アリストテレスの場合も「かぞえる」主体は「魂（psychē）」であるが、ただ与えられた運動を「かぞえる」ことであるのに対して、カントにおいては、「かぞえる（線を引いてかぞえる）」主体が運動（行為）そのものを、すなわち時間そのものを成立させる（構成する）ことになる。

「7＋5＝12」

カントは「線を引く」という行為に加えて、とくに（空間と異なる）時間了解の基底として、算術（とくに加法の演算）に注目している。

> 12という概念は、私がたんに7と5のあの結合を考えることによって、すでに思考されているのでは断じてなく、だから、私がそうした可能的な和についての私の概念をどれほど分析してみたところで、私はこの概念のうちに12を見いだすことはないであろう。人は、二つの数のうちの一つに対応する直観、例えば自分の指、あるいは（中略）五つの点を助けとし、かくして、この直観において与えられた五つの単位を、次々と，7という概念に付加することによって、7と5というこれらの概念を超え出てゆかねばならない。（B15f）

ここに提起されている議論は概念と直観との関係であるが、その（見えにくい）根は時間測定の要にかかわっている。こうした連関において、ふたたび「運動の前後の数」というアリストテレスの時間の定義を考察してみる。アリストテレスもカントも、時間理解の根幹として「かぞえる」という単純な作用に注目する。しかし、アリストテレスの場合、あくまでも与えられた運動の数を「かぞえる」のに対して、カントはただの「数」を「かぞえる」のである。両者ともに「1」をいかなる長さに決めてもかまわないが、前者においてはそれでもそれぞれの運動自体の長さを観察することが必要であり、それに拘束されるが、後者は思考のうちだけで「かぞえる」ことができる。

以上を確認して、カントの議論に立ち入ることにしよう。「私」（統覚）が「7＋5＝12」という計算をおこなうとき、これは概念のレベルでは「7＋5＝12」という（十進法を使用した）分析的統一だが、直観のレベルでは時間をかけて単位「1」を次々に「数える」という時間における綜合的統一である。そして、前者の概念のレベルにおける分析的統一は、あくまでも後者の時間における（さらには経験的・具体的直観〔時計の音〕の時間における）綜合的統一に基づいているのだ。

カントは、こうして「数える」ことに概念レベルの「分析的統一」と直観レベルの「綜合的統一」という二段階を設定しているが、ここにアリストテレスとの接点がみいだせるように思われる。この二段階の綜合に対して、カントは後に第二版の「演繹論」において「悟性的綜合」と「図示的綜合」という名称を与えている。

ア・プリオリに可能であり必然的であるところの感性的直観の多様なもののこうした綜合は図示的（synthesis speciose）と名づけられて、直観一般の多様な単なるものに関して単なるカテゴリーにおいて思考され、だから悟性的綜合（synthesis intellectualis）と呼ばれる綜合から区別されることができる。（B151）

一つの判断におけるさまざまの諸表象に統一を与えるこの同じ機能が、一つの直観におけるさまざまの諸表象の綜合にも統一を与える。この機能は、一般的に表現すれば、純粋悟性概念と呼ばれる。よって、同じ悟性が、しかも、その悟性が概念における分析的統一を介して、判断の論理的形式を成就したのとまさに同じ作用を通じて、直観一般における多様なものの綜合的統一を介して、その諸表象のうちへと超越論的内容をもたらし、それゆえこれらの諸表象は純粋悟性概念と呼ばれ〔る〕。（A78, B105）

「7＋5＝12」という「一つの判断におけるさまざまの諸表象に統一を与える」機能、すなわち概念レベルの統一機能が、「一つの直観におけるさまざまの諸表象の綜合にも統一を与える」機能と同じなのである。

以上のカントの議論を、逆に「時間」から見返してみるに、「1」を加算するときにそれぞれの「1」は概念においては同一であるが、直観においては異なる。それぞれの「1」は二度と同じ「1＝時間単位」を共有することはできないからである。よって、「5」と「7」をそれぞれ直観のレベルで「数えて」、その後に概念のレベルで加算することは、直観のレベルで「12」を数えることとは異なる。概念のレベルにおける分析的統一（悟性的綜合）と直観のレベルにおける綜合的統一（図示的綜合）とを「取り込んで」（すなわち概念の側から「同一化して」）、はじめて加法演算が成立するのであるが、直観のレベルではそれぞれの演算を構成する「時間単位＝1」は互いに異なるのであって、「5＋7＝12」という等号は成立しえない。

3　統覚とニュートン的自然

幾何学の構成からニュートン的自然の構成へ

統覚による可能的経験の構成というモデルは、（一見、意外なことに）幾何学的作図なのであるが、この幾何学的構成モデルが、さらに自然科学にまで拡張される。『自然科学の形而上学的原理』には、次のような記述がある。

合成された運動の概念を構成するとは、ある運動が、一つあるいはそれ以上の与えられた運動から、一つの運動するもののうちに統一されて生ずる限りにおいて、その運動をア・プリオリに直観のうちに提示することである。

（カント全集第一〇巻、高峯一愚訳、理想社、一九六六年、四八六頁）

『自然科学の形而上学的原理』は四つの「形而上学的原理」から成り立っていて、その第一は「運動学（Phoronomie）の形而上学的原理」と呼ばれ、質料を捨象して運動の構成だけからなる（不思議な）自然科学、幾何学図形としての限りにおける自然科学である。カントは、やはり幾何学的構成モデルを原点にして、それを物体の構成にまで拡張することを意図している。

しかし、「経験＝自然」へと拡大された構成は、幾何学図形の作図とは異なり、物質を巻き込まざるをえない。しかも、物質は（人間的）統覚が創造したわけではなく、それは与えられている。統覚は、あくまでも統覚とは異質のXからの触発という未知の作用のもとで、経験を構成しうるだけである。統覚はせいぜい「経験」の「可能性の条件」であって、「実在性の条件」でも「現実性の条件」でもない。しかも「条件（Bedingung）」とは十分条件ではなく、それがなければ経験が成立しないという必要条件にすぎないのである。

こうして、統覚による構成は、①物質を排除した幾何学的構成と、②物質を取り入れた自然科学的構成という二重の意味をもっているが、②は物質を巻き込む構成であって、①との差異が最後まで問題として残されている。そのうえ、先に述べた「超越論的構成」とは自然科学的構成にほかならず、カントは超越論的構成をじつのところ物理学的対象（物体）に限定した。言いかえれば、「経験一般の対象」とは物理学的対象だということである。

そして、「経験一般を可能にする条件は、同時に経験の対象を可能にする条件である」という最高原則が成り立つのも、対象をこのように限定したからである。すなわち、「経験一般を可能にする条件」とは、直観の形式としての空間と時間、それに思考の形式としてのカテゴリーであるが、じつのところこれらは限定されていて、この場合の空間と時間は物理学的時間と空間なのであり、カテゴリーにおける量、質、関係のカテゴリーとは物理学的対象を成立させるように限定されたもの、すなわち物理学的量、質、関係である。こうした暗黙の限定によって最高原則は、「物理学的空間と時間、および物理学的量、質、関係は、同時に物理学的対象を可能にする条件である」という、ほとんどトートロジカルな主張となっている。

ここに認められることは、カントが素朴な物理主義に依拠しているということであろう。「素朴」とは、二〇世紀の論理実証主義者のように、すべての認識にかかわる言語を物理学の言語に翻訳するというラディカルな目標を掲げているわけではなく、ただごく自然に認識における物理学の特権的地位を認め、経験（経験的認識）の対象は同時に物理学の対象であると承認していることだけを意味する。これはロックやヒュームと並んで、「観念＝表象」を外部からの刺激（触発）によって成立する心の状態とするという観念論の基本構図を採用したことによる。

この構図においては、「物質」からの刺激の強度がそのまま「感覚（色）」の強度に伝達されるという等式によって、物質からなる三次元空間と二次元の色空間とが自然に重なり合ってしまう（この典型例は、物質の度〔Grad〕と色の度とを同じく実在性の度とみなす「質の原則」、すなわち「知覚の先取」である)。また、関係のカテゴリーの原則である「経験の類推」においても、そこで考えられている因果関係は物理学的関係だけであって、当然原因と結果とのあいだには保存量が前提されているのであり、心的因果関係や心的も物的も含んだ「出来事」とのあいだの因果関係が考慮されているのではない。こうした物理学的対象に限定されたカテゴリーをもって、超越論的統覚は経験を綜合的に統一する(構成する)のであるから、超越論的統覚とは、物理学的対象を構成する能力をもつ限りにおける統覚である、と言ってよいであろう。

ニュートン的自然と現実性

こうして、超越論的統覚は、客観的・実在的世界(「可能な経験」、すなわち「外的経験」)を可能にするのであるが、そのためには、その「現実性」を(表面上)捨象しなければならなかった。こうして「私の現存在」は超越論的統覚が成立するときに、背後に退くのであるが、そこに「可能な経験」のみが残るわけではない。現実性と切り離された可能性とは何であろう。可能性が単なる思考可能性でないためには、それは現実性と切り離されてはならない。むしろこの原初的関係こそ、超越論的観念論を支えている見えない礎石なのである(この問題は、さらに第七節と第八節で探究することになるであろう)。

ここで「実在性」と「現実性」との区別を、ニュートン的自然のあり方に注目して考察してみよう。ニュートン的自然においては、運動方程式に従いうることのみが必要であって、すでに実現された世界（過去世界）とまだ実現されていない世界（未来世界）との区別は消去されている。そしてその区別をなしうるのは超越論的統覚ではなくて、「私の現存在」なのである。ただし、超越論的観念論においては「私の現存在」は背景に退いているので、この区別は「可能な経験」の「そと」からの作用（物自体からの触発ではないが）によってはじめてなされる。

先に（「第二節　超越論的統覚」において）確認したことを繰り返せば、原則論のうち第一原則から第三原則までは「（実在的）可能な経験」の原則である。その典型例は、f＝mαで表されるニュートンの運動方程式のように、可能な運動状態を記述することに対応する。その場合、運動する諸物体を測定する座標系は互いに一次独立な三次元座標x, y, zからなるが、その原点は任意である。ここでカントは、（二階の時間微分からなる）ニュートンの運動方程式（f＝mα）が、速度の異なる等速直線運動するもろもろの座標系のあいだで形を変えない（同型である）ことに着目して、いかなる物体も、それらの座標系におけるいずれの位置にあっても等価であるとみなす。このことが、「可能な経験」の基本をなしている（こうした「可能な経験」に対する自我が、超越論的統覚である）。

とすると、「私」が位置する現実の場所はそこから排除される。とはいえ、「私」が位置する現実の場所からの光景は夢でも幻覚でもない。カントは、この問題に正面から取り組んではいないが、これについては、『自然科学の形而上学的原理』「第四章　現象学の形而上学的原理」において論じている可能的運動と現実的運動との区別が、この問題に一つのヒントを与えるであろう

（これに関する考察は第二二節に譲ることにする）。

カテゴリーの乗り物

では、超越論的統覚とカテゴリーとの結びつき方はいかなるものかと問うと、両者のあいだには媒介する何ものもないことがわかる。とすると、超越論的統覚はカテゴリーと直接に関係するのでなければならない。カントは、超越論的統覚にカテゴリーを（誤って）使用することが「誤謬推理」の原因であるとみなす文脈において、次のように語っている。

なお、私は思考するという命題（蓋然的に解された）は、それぞれの悟性判断一般の形式を含み、カテゴリーの乗り物（Vehikel）として、あらゆるカテゴリーに伴う。（A348）

カテゴリーは現象に適用されれば認識を与えるが、コギト、すなわち超越論的統覚はこうしたカテゴリーの「乗り物」なのである。これが意味するところを探ってみよう。デカルトの「コギト」は、「考える」という一つの作用だけを有するが、超越論的統覚は、すでにカテゴリーという思考の基本パターンを有している。その意味で超越論的統覚はカテゴリーの乗り物に乗り（あるいは、みずからの上にカテゴリーを乗せ？）、その基本パタンを適用しながら世界へと超越する。そのさい、超越論的統覚それ自身がカテゴリーの「乗り物」なのであるから、それ自体にカテゴリーを使用してはならない。

「乗り物」という比喩はわかりやすいものであるが、この比喩の背後には超越論的観念論の枠組みを超える根が延びている。すなわち、超越論的統覚とは、カテゴリーの乗り物である限りの「私」であって、それ以外の「私の」膨大な領域を切り捨てて成立しているということである。これと密接に関係して、カテゴリーは「私」をとらえる道具（オルガノン）ではなくて、対象世界をとらえる（実在的に可能にする）道具であることが明らかになる。カテゴリーは、思考の形式として経験を（実在的に）可能にするのであり、「私」を（実在的に）可能にするのではない。

カテゴリーの適用以前に対象世界は、実在的（に可能）ではないのに対して、超越論的統覚である限りの「私」は、「カテゴリーの乗り物」として、はじめから独特の意味において実在的なのである。しかし、超越論的統覚である限りの「私」は、断じて現実的ではない。カテゴリーの乗り物である超越論的統覚は、現象世界を（実在的に）可能にするに留まるのであって、その実在世界が「まさに現にこうある」ことを保証しない。言いかえれば、経験的知識が「まさに現にこうある」根拠を与えない。経験的知識は、「私」が現に知覚し、現に経験することによって与えられるのであるが、その与えられ方に関する理論は超越論的観念論の「うち」にはない。超越論的観念論とは、与えられた経験的知識がいかなるものであれ、経験的知識である限り、カテゴリーに従うということを語るだけなのであって、それらの与えられ方は不可知であり、ここに物自体からの触発に関与する場が開かれている。

超越論的対象

カントは、第一版の「演繹論」で、物自体についてではないが、超越論的対象について、次のように述べている。

この超越論的対象（これは実際、われわれのすべての認識において常に同一＝Xである）の純粋概念は、われわれの経験的概念一般に、一つの対象に対する関係、すなわち客観的実在性を与えうる。（A109）

反省してみれば、カテゴリーという悟性の形式と時間・空間という感性の形式とは外的経験に「形式」を与えるが、超越論的対象は外的経験に「質料」を与える。外的経験における対象は諸物体であって、それらは時間・空間において一定の位置を占め、因果律に従い相互作用しているが、透明ではなく、実在性を有している。まさに、この実在性は超越論的統覚に由来するのではなく、超越論的対象に由来するのだ。このことを（ニュートン力学に代表される）物理学的自然にそって考えてみると、そこにおける実在的なものとは、（いま）現に知覚されるものではなく、運動法則に従ってある時に知覚されうるものである。超越論的対象は、この意味における物理学的対象に実在性を与えるものなのだ。

なお、後の「アンチノミー」において、超越論的対象は異なった相貌のもとに（現実的過去を対象化した総体として）登場してくる（これに関しては、「第八節　内的経験」を参照されたい）。

ニュートン的自然における空間化された時間

こうして、「いかにしてカテゴリーは経験に適用されうるか」という問いは、概念における綜合が直観における綜合と「同一（作用）である」ということによって、すなわち「時間単位を空間単位に読みかえること」によって答えられている。これは「ア・プリオリな綜合的判断はいかにして可能か」という問いに対する究極的な答えでもある。すなわち「7＋5＝12」という概念は、（空間化された）時間以外のいかなる媒介にもよらずに、概念レベルの綜合が、そのまま「同じ作用を通じて」直観のレベルでの綜合を意味しうるのである。

以上、幾何学図形の作図（空間において「線を引く」こと）と自然数の加法演算（時間において「数える」こと）とが、超越論的統覚の構成の基層をなすモデルであることをみてきた。しかし、超越論的統覚は、時間・空間の構成のみならず、（物質を含み込む）客観的・実在的世界を構成する（可能にする）能力をもつ。

次に、超越論的統覚が客観的・実在的世界を構成する（可能にする）とはいかなることか、あらためて問われなければならない。カントは時間が「空間でない」ことをよく承知していた。「超越論的感性論」の「これらの概念からの結論」（b）には、次のような論述が見られる。

時間は、形態にも、あるいは位置その他にも属さず、それとは逆に、そしてこの内的直観はいかなる形態も与えないという、まさにこの理由で、私たちはまたこの欠陥をアナロジーによって補うことを求め、時間継続を無限に進行する一つの線によって示すが、この線において多様なものは一次元しかもたない一つの系列を形成し、私たちはこの線の諸固有性に基づいて、線の諸部分は同時に存在するのに、時間の諸部分は継起的に存するという唯一の点を除いて、時間のすべての固有性を推論する。（A 33, B49-50）

この箇所は、時間と空間の同一性と差異性とを明確に示している。時間はそれ自体、空間ではないが、線という空間のアナロジーによってはじめて認識される（空間表象を使わなければ、認識されえない）のである。さらに「時間概念の超越論的究明」では、もっと単刀直入にそこで究明されるべき時間は、ニュートンの運動論を可能にするものでなければならないことが明言されている。

それゆえ、われわれの時間概念は、稔りがなくはない一般運動論が提示しているのに充分な、ア・プリオリな綜合的認識の可能性を説明する。（A33,B49）

こうして、超越論的観念論における時間とは、線で表すことができる限りの時間であり、かつ物理学的時間にほかならない。このことは、時間はt_1、t_2、t_3……という時間順序のみを有し、現在・過去・未来という時間性格（ないし時間様相）を捨象する（すべての時点は可能な現在であり、可能な過去であり、可能な未来である）ということを意味する。「超越論的感性論」において論じられる「直観の形式」としての時間は、すでに空間化された時間なのであるが、そうしながらもカントは、「時間は私の内的状態以外の何ものでもない」、あるいは「時間の諸部分は継起的に存する」という時間性格を挙げている。こうした時間性格を「私」は、超越論的統覚が開く領野とは「別のところで」知っているはずであり、その「別のところ」とは「私の現存在」以外にはない。「私の現存在」が（表面的に）その現存在を捨象して超越論的統覚に移行するとは、端的に与えられた現実的〈いま〉が次々に生じては消えていく時間から、空間化されたt_1、t_2、t_3……という時間系列に移行することである。しかも、その客観的時間がなお時間であることを「私」が理解しうるということは、「私」が完全にみずからの現存在を消去して超越論的統覚に移行したのではないことを示している（もし移行したのだとしたら、「私」は空間と区別された時間とは何かを理解できないであろう）。

さらに踏み込んでみると、「線を引く」という行為には、フッサールの言う「キネステーゼ（運動感覚）」が伴うものであり、ここに表面的に消去された「私の現存在」との関係が顔を出していて、さらには自己触発の原点とも言えるものが隠されている（このことは「第七節　自己触発」で立ち入って検討する)。

補節　ストローソンの超越論的統覚解釈

一人称問題

ストローソンは、あえて超越論的観念論の枠を越えてカントを解読する。すなわち、超越論的統覚から目を転じて、「さまざまな自我のうちのこの私」という構図から開始する。人間という有機体が現に多数存在していて、なぜかそのうちの一つが「この私」なのだ。その理由-根拠を問うとき、後に「私」になるある有機体 S_1 が「私」になるためには何が必要なのか。S_1 が他の同じような有機体群 S_2、S_3、S_4、S_5……「ではない」という了解である。ストローソンの考察は、こう進んでいく。そのさい彼は、アンスコムの言う一人称のメルクマールである、「観察によらない知識 (knowledge without observation)」という概念を用いる。

〔他の私の自己帰属とは〕われわれが、観察に基づいて他人に帰属させるものを、観察に基づかないで自分に帰属させる自己持続者として他人を見るということである。
(P・F・ストローソン『固体と主語』中村秀吉訳、みすず書房、一九七八年、一三六頁)

ストローソンによると、「私」という概念は「他の」私を排除して形成されるのではなく、初めから「他の」私を含む。ヘーゲルの弁証法に淵源するこの弁証法は、その限り正しいが、問題はそれでもなおスムを伴う「コギト・スム」と、伴わない「コギト」とは等価＝交換可能ではないということである。もし両者が等価なら、なぜS_1は「スム」の欠如した「コギト」ではなく、「コギト・スム」の側に自分を位置づけるのであろうか。すなわち、S_1は「私」という代名詞を習得するときに、「この」私から出発し、その否定性として「他の」私を了解するのであるが、なぜ逆に「他の」私から出発し、その否定性として「この」私を了解しないのであろうか。

存在論的差異性

以上のように問うと、S_1が「私」という人称代名詞を習得するときの不可逆の順序は、認識論的差異ではなく、存在論的差異に基づくことがわかる。すなわち、「この」私と「他の」私とは認識論的には対等であって、ただ「この」私のみ、端的な「現存在の感じ」を伴うのであるが、S_1は「私」という言葉を学ぶとき、この差異も学んでしまっているのである。

この構図はデカルトのモデルと変わるところはない。デカルトの第一原理である、「コギト、エルゴ、スム」は、「良識が各人に共通に与えられている」(デカルト『省察』)ゆえに、言語を習得した普遍的原理であり、各人のあいだの境界を一挙に飛び越えてしまうが、同時に各人は「スム」の伴う「コギト」と、「スム」の伴わない「コギト」との差異を自覚している。すなわち、この第一原理は、認識論的には各人の境界を飛び越えられるが、存在論的には飛び越えられない。そして、この認識論的同一性と存在論的差異性との二重構造は、「私」という言葉を発する人（デカルト）においても、聞く人（読者）においても維持される。各人は、こうした同一性と差異性との二重構造を前提して文字を聞き、読むので、存在論的差異性は背後に後退し、認識論的同一性のみが前景に出る。こうして、各人は存在論的差異性に攪乱されずに同一の「私」を習得しうる。各人のあいだの境界を一挙に飛び越えてしまうカントの超越論的統覚もまた、まさにこうした「私」という言葉の習得に添った概念なのである。

第三節　純粋統覚

1　超越論的統覚と純粋統覚との関係

純粋統覚の登場

第二節までの考察を踏まえて、これまで持ち越してきた純粋統覚と超越論的統覚との関係を問うことにしよう。じつは、「演繹論」において、純粋統覚と超越論的統覚とはそれほどはっきり区別されていない。第一版の「演繹論」でまず登場してくるのは「超越論的統覚」であり、次の二箇所である。

ところで、こうした根源的な超越論的条件は、超越論的統覚以外のいかなるものでもない。（A106f)

こうした純粋な、根源的な、普遍の意識を、私は超越論的統覚と名づけようと思う。

そして、「純粋統覚」は、やっとそこから二〇頁後に次の四箇所で登場してくる。

（A107）

（前略）経験的意識の根底には、純粋統覚が、言いかえれば、あらゆる可能的表象に際しての、おのれ自身のあまねき同一性がア・プリオリに潜んでいる。

（A115f）

ところで、私たちが、諸表象のこうした連結の内的根拠を、そこではじめて可能的経験のための認識の統一を得るために、それらの諸表象をすべて合わせざるをえないような、そうした一点にまで追究しようとするなら、私たちは純粋統覚から始めなければならない。

（A116）

それゆえ純粋統覚は、すべての可能的直観における多様なものの綜合的統一の原理を与える。

（A116f）

ところで、主観における多様なものの統一は綜合的である。それゆえ、純粋統覚は、すべての可能的直観における多様なものの綜合的統一の原理を与えてくれる。

（A116f）

第二版には、これらと一見矛盾する意味も登場する。

（前略）私は存在するという表象における悟性の純粋統覚によっては、まだ何ひとつとして多様なものがとらえられていない悟性にとってだけの原理である。（B138）

しかし、最後の引用箇所では、純粋統覚はいかなる経験（実在世界）からの受動性・受容性による多様も含まないことが主張されているのであり、その前の引用箇所では、その同じ純粋統覚が能動的・自発的に実在世界を構成すること、綜合的に統一することを意味し、その限り、純粋統覚は超越論的統覚にほかならない。

カントはこのほか、統覚を「根源的（ursprünglich）統覚」（A 111, A117, A122, A123）とも呼ぶ。これをあえて規定すれば、統覚が他の何ものかから派生したものではないことを意味するときには「根源的統覚」である。こうして、じつのところ「超越論的統覚」「根源的統覚」「純粋統覚」は同じものを違った観点から表現したものにすぎない（フレーゲの一つの意味〔Bedeutung〕に対する複数の意義〔Sinn〕のように）と言えよう。実際、カントはある箇所で次のように明言している。

ところで、こうした純粋な、根源的な、不変の意識を、私は超越論的統覚と名づけようと思う。（A107）

純粋統覚固有の領域

ここで、あらためて「純粋統覚」固有の領域を規定すれば、超越論的統覚の「経験を可能にする」積極的な能力を表面上捨象した統覚を、それ自体として切り出す時、それを限定された意味で「純粋統覚」と呼べるのではないだろうか。『純粋理性批判』第二版における次の箇所は、そのことを明確に語っているように思われる。

しかし、この原則はそれにもかかわらず、総じて可能なあらゆる悟性にとっての原理であるのではなく、私は存在するという表象における悟性の純粋統覚によっては、まだ何ひとつとして多様なものが与えられていない悟性にとってだけの原理である。（B138）

「この原則」は第一七項のタイトルにも含まれている、「統覚の綜合的統一の原則」のことであり、「それにもかかわらず、総じて可能なあらゆる悟性にとっての原理であるのではなく」という意味は、直観を含むような神的悟性ではなく、直観を含まない人間的悟性という意味であり、この観点からは、「純粋統覚」における「純粋」とは「直観を含まない、思考する能力だけ」という意味であって、よって「まだ何ひとつとして多様なものが与えられていない悟性」なのである。

なお、ここに「私は存在する（Ich bin.）」という命題が出てくるが、カントがデカルトの“cogito, sum”を“Ich denke, existierend.”とドイツ語に訳したことを想い起こし、この箇所につなげると、そこには自己意識は生じているが、対象的なものを構成するいかなる多様も直観も参与していない。

「コギトはあらゆる私の表象に伴いえなければならない」

第二版の「演繹論」一六項の冒頭にある次の有名な命題では、「純粋統覚」という名称は出現しないが、純粋統覚の内実を正確に言い表している、

「私は思考する」は、すべての私の表象に伴いえなければならない。（B132）

こう記述される統覚は、「すべての私の表象」に「伴いえなければならない」だけであって、積極的に実在世界を綜合的に統一（構成）する機能を有しているわけではない。その機能を有していることをあらわにした統覚の呼称が「超越論的統覚」である。こう確認したうえで、まずこの命題は、精神の（直接的）洞察を表すのであろうか、それとも推論を表すのであろうか、と問

うてみよう。この命題に続く部分は、この命題の推論的性格を示しているかのように思われる。

（前略）なぜなら、もしそうでないならば、まったく思考されないものが私のうちに表象されることになろうから。そして、以上のことは、そもそも表象が不可能になるか、少なくとも私にとっては無であることを意味するからである。（B132）

だが、先の第一命題は、ある表象V_1が「私の」表象であるための条件、すなわちV_1が単にある表象である以上の「私の」表象であるためには、それに「コギト（私は思考する）」が伴いえなければならない、と言っているわけではない。すなわち、V_1が伴われえない場合、それは「私の」表象以前の無人称状態に留まると言っているのではない。カントにおいて「表象」は、無人称から出発するのではなく、はじめから「私の表象」に限定されているのであって、そのうえで「私の表象」が成立するためにコギトが「伴いえなければならない」と言っている。すなわち、コギトが「私の表象」に必然的に伴いうるという関係こそ、他のいかなる関係にもさかのぼることのできない根源的関係なのである。

しかし、カントがはじめから「私の表象」しか視野に入れていないとすれば、森羅万象が「私の表象」の「うち」にあるのだから、その「そと」は単純に無ということになろう。先の引用部分は、このことを正確に表現している。もし「私の表象」にコギトが伴わないのであれば――そこに無人称の表象が残留するのではなく、「そもそも表象が不可能になるか、少なくとも私にとっては無となる」。

先の命題に関して次に注意しなければならない点は、「すべての私の表象に伴いえなければならない（begleiten müssen）」であって、「伴う」ではないということである。この可能性に純粋統覚の固有性が表されている、

> 言いかえれば、私の諸表象として、（たとえ私が、それらをそのようなものとして意識していなかろうとも）それらの諸表象は、それらがそのもとでのみ一つの普遍的自己意識においてまとまりあうことのできる諸条件に、なんとしても必然的に従っていなければならないのである。
>
> （B255-B256）（強調、中島）

この文章における、「（たとえ私が、それらをそのようなものとして意識していなかろうとも）」という部分は「現実的に意識していなかろうとも」という意味であり、このことが最後の「できる諸条件」という可能性に関連している。先に確認したように、（夢も幻も含む）現象世界全体が「私の表象」であり、「私の表象」では「ない」ような現象は「ない」とすると、その可能な全体に「コギト」が「伴うことができなければならない」ということによって、世界全体である「私の表象」にそれ以上の何が付け加わったのか。何も付け加わらないのだ。「コギトが伴いうる」

表象が、「私の表象」としての現象世界なのだ。この必然性を、「なければならない（müssen）」という助動詞が示している。よって、以上を言いかえてみると、現象世界の全体は「私の表象」であるが、このことはすなわち「それにコギトが伴いうる」ような表象なのである。

なお、現在の知覚の場合でも、「コギト」が「伴うことができなければならない」という命題は一般的に成り立つのであるが、現在は行為の現場であって多彩な意欲も介入し、厳密には単なる静観という意味合いの強い「表象＝前に置くこと（Vorstellung）」とは言いがたい。よって以下、過去の想起に限定して具体的に考えてみよう。過去の体験を「私」が〈いま〉完全に忘れているとしても、「コギト」が伴いうる、すなわち想起しうるのでなければならない。これは夢でも同様であって、ある夢が「私の表象」であるかぎり、それは永遠に現に思い出すことはないとしても、思い出すことができるのでなければならない。さらに、私が〈いま〉知覚していない、かつて知覚しなかった、さらには私の誕生以前の膨大な事象も、それらが「私の表象」であるかぎり、この「思い出すことのできる」という構造に因果関係によって整合的につながるものでなければならず、あえていえば、「そこに私が現存していたら、知覚しうる」ものでなければならない。

思考における一人称の特権性

なお、ここで重要なことは、カントは先の第一命題において「Xは思考するは、すべてのXの思考に伴いうるのでなければならない」という一般式を立てて、次にそのXに「私」を代入しているのではない、ということである。もしそうなら、Xに「君」や「彼」や「彼女」を代入して、「君は思考するは、すべての君の思考に伴いうるのでなければならない」という命題も、「彼は思考する……」も「彼女は思考する……」も、第一命題と同じ資格で成立し、「コギタス（君は考える）が君の表象に伴いうる」ことも、「コギタト（彼は考える）が彼の表象に伴いうる」ことも、その否定が思考不可能であるから、同じレベルで承認しなければならないことになるであろう。

純粋に思考可能性のレベルでみるならば、コギトが伴いえないような「私の」表象が不可能であるように、コギタスが伴いえないような「君の」思考も、コギタトが伴いえないような「彼の」、あるいは「彼女の」表象も不可能なはずだからである。だが、カントが拒否したいのはまさにこのことである。コギトが「私の表象に伴いえなければならない」という言明は、（君の表象、あるいは彼や彼女の表象とは別の）固有の現存在に基づいた私の表象の特権的性格を表している。こうして、「コギトが私の表象に伴いうる」という可能性は、一見そう思われるような論理的可能性ではない。このことを、次の有名な命題は正確に言い表している。

（前略）私は私自身を意識するのだが、それは私が私に現れるように（Wie ich mir erscheinen.）ではなく、私が私自身において存在するように（Wie ich an mir selbst bin.）でもなく、むしろ私は私が存在すること（dass ich bin）を意識する。（B157）

統覚の「あり方」は、現象でも物自体でもない。超越論的観念論が統覚の支配圏にあるものを現象、その「そと」にあるものを物自体として区別するとき、この区別を遂行する統覚の存在は現象でも物自体でもないことは当然であろう。それは「実在する」と言っても、これらとは異なる第三の実在なのである。しかし、その実在性をさらに探っていけば、先にフッサールの「純粋意識」との違いとして示したように（四六—四七頁）、統覚は、客観的・現象的実在世界を構成する能力をもつ（「可能にする」と言いかえてもいい）限りにおいて実在的である。この規定は、文字通りの意味では（前節で考察した）「超越論的統覚（transzendentale Apperzeption）」に妥当するが、これを中核にして、「純粋統覚」すなわち「あらゆる私の表象に伴いえなければならない」ような「コギト」にも妥当する。なぜなら、（現象的）実在的・客観的世界の構成によって排除される（夢や幻と名づけられる）「私の表象」群も、非実在的・非客観的なものという否定性として、客観的世界の「うち」に組み込まれるからである。そして、この意味で純粋統覚もまた「実在的」と言えるのである。

こうして、「夢を見ている」統覚が「〔夢という〕私の表象に伴いえなければならない」コギトとしての純粋統覚であり、夢から醒めた後に、それを「夢として判定する」統覚が超越論的統覚なのであるが、ここに純粋統覚と超越論的統覚という互いに独立の二つの実在的なものがあるわけではない。純粋統覚はむしろ超越論的統覚による実在的・客観的世界の構成以前の統覚であるとともに、超越論的統覚が世界を構成するときにも、いわば同時に存在している。でなければ、超越論的統覚は、どうして夢をみている純粋統覚の記憶を「みずからのもの」としてもつことができよう。純粋統覚はそういう仕方で、「私のあらゆる表象」、すなわち実在的表象にも非実在的表象にも「伴いうる」ものとして実在するのである。

こう考えると、第一六項冒頭の「私が思考するということは、あらゆる私の表象に伴うことができるのでなければならない」という命題における「私が思考する（cogito）」を「純粋統覚」と呼ぶこともできるであろう。

不変不動の自我

しかし、「純粋統覚」は多義的であり、次の箇所でカントは、純粋統覚を「不変不動の自我」と呼んでいる。

なぜなら、不変不動の自我（bleibendes stehendes Ich）（純粋統覚という）は、表象が意識されることがいやしくも可能であるかぎり、あらゆる私たちの表象の相関者をなすのであって、すべての意識が一つの包括的な純粋統覚に属するのは、表象としてのすべての感性的直観が一つの純粋な内的直観、つまり時間に属するのとまったく同様である。（A123）

もちろん、ここに言う「不変不動の自我」が「誤謬推理」で否定した思惟実体（ヌーメノン）を意味するはずはなく、もちろん現象的実体（物体）でもない。さらに "Ich = Ich" と表記された限りの概念（あるいは理念）における同一性を表すのではなく、幾何学図形のような純粋直観における同一性を表すのでもなく、また特有の記憶に支えられた経験的・心理学的同一性を表すのでもなく、まさにそれは他に類似のものがない統覚における特有の同一性なのである（それは、次の第二節において統覚の分析的統一と綜合的統一を論ずるさいに考察する）。

以上の考察を踏まえたうえで、次に（純粋統覚と超越論的統覚とを含む）統覚の実在性に関して、ある重要な点を指摘することにしよう。統覚はなるほど（夢幻ではなく、理念でも仮説でもなく）「実在する」が、はたしてそれはそれ自身として、現象（客観的・実在的世界）との関係なしにも実在するのであろうか。そうではないであろう。というのも、そうならまさに先に（第一節において「超越論的誤謬推理」）として考察したように、統覚は実体になってしまうからである。超越論的観念論は、統覚を実体から形式へと転換するという基本的操作からなっていて、カントの言う形式とは、内容がまったく空虚なのである。しかも、そこにはフッサールの言う「志向性（Intentionlität）」が含まれていて、客観的・実在的世界を構成する（客観的・実在的世界へと超越する）という意味がはじめから含まれている。これは超越論的統覚において直接認められるが、純粋統覚においても、それはのちに客観的・実在的世界から外される夢や幻を体験する統覚として意味づけられるのであるから、間接的に客観的・実在的世界の構成に関与している。

統覚の分析的統一と綜合的統一

以上の考察を踏まえて反省してみるに、「コギトはすべての私の表象に伴いえなければならない」という命題には、ある一つの「私の」表象V_1ではなく、「私の」表象群V_1、V_2、V_3……が前提されていることに気づく。複数の「私の」表象のあいだに、コギトは「伴いえなければならない」という関係を結び、この関係に基づいて、複数の表象は「私の」表象としての同一性を保つのである。このことをカントは次のように語っている。

> それゆえ、私が与えられた諸表象の多様なものを一つの意識において結合しうることによってのみ、私がこれらの諸表象における意識の同一性をみずから表象することが可能となるのである。言いかえれば、統覚の分析的統一は、何らかの綜合的統一を前提してのみ可能となる。（B133）

ここで、この文章が前提とする論理を掘り起こしてみよう。まず注意しておくと、ここでカントが、本来異なるはずの（意識の）「同一性（Identität）」と（統覚の）「統一（Einheit）」とを同一視していることである。これは杜撰であるとも言えるが、統覚の統一とは、一つの空間・時間のうちにすべての実在的・客観的世界を「統一する」ことであるから、時間という局面から見ると、このことは実在的世界の、ある時間的局面と別の時間的局面、すなわち「私の表象1」と「私の表象2」が「同一である」ことであり、このことは、統覚の側が「一であること」に呼応している。以上を加味して、先の引用箇所を踏み込んで解釈すれば、分析的統一とは、「統覚」という概念（ないし意識）だけから導かれる「一であること」であるが、この分析的統一はそれ自体として保証されるのではなく、実在的・客観的世界の側で、「私の表象1」と「私の表象2」とが「同一である」という綜合的統一によってはじめて保証されるのである。

　こうして、「統覚の分析的統一は、何らかの綜合的統一を前提してのみ可能である」という文章の骨子は、「統覚が一であること」は（自己）意識の側から直接保証されるのではなく、実在的・客観的世界を介して、それが「一であること」（時間という局面からみれば、「同一であること」）から間接的に保証されるということである。後のカントの用語を使えば、「一つの統覚」の実在性は、「一つの客観的世界（後のカントの用語を使えば、「可能的経験」）の実在性」によって保証されるのであり、すなわち超越論的統覚は「一つの客観的世界（可能的経験）」を構成しうることによって「一」なのである。言いかえれば、統覚が「一つの客観的世界（可能的経験）」を構成しえなければ、それが「一」であることは保証されない。

　なお、次の箇所で、カントはさらに「分析的」と「綜合的」との微妙な差異に踏み込んでいる。

この最後の命題は、すでに述べたとおり、たとえあの綜合的統一をすべての思考の条件たらしめてはいるにせよ、それ自身、分析的である。なぜなら、この命題が主張しているのは、なんらかの与えられた直観におけるあらゆる私の表象は、私がそのもとでのみそれらの諸表象を私の諸表象として同一的自己に帰することができるところの、それゆえ、統覚において綜合的に結合されうるものとして、私は思考するという一般的表現によって総括しうるところの、そうした条件に従わねばならないということ、このこと以上の何ものでもないからである。（B138）

「この最後の命題」とは、「この綜合なしには多様なものは一つの意識において合一されないにちがいない」という部分であり、やはり「統覚の分析的統一は、何らかの綜合的統一を前提してのみ可能となる」（B257-B258）という命題と同じ主張である。しかし、この背景には、超越論的統覚の微妙な位置についてのカントの配慮がある。すなわち、超越論的統覚は、一方で、それ自体としては、単なる“(Ego) coito, sum”というだけの形式であり、それはいかなる内容（対象）も含まないが、とはいえその場合の“Ego”は人称代名詞（概念）にすぎないわけではない（もしそのようにすると、別の「誤謬推理」に陥ってしまうであろう）。

超越論的統覚のこうした微妙な位置をすくい上げるためには、“(Ego) coito, sum”を「対象＝内容」としてとらえるのではなく、あくまでも「作用」としてとらえることによって一つの解決が見いだせるであろう。こうした方向は、デカルトが“(Ego) coito, sum”から“res cogitans”（思惟実体）へと向かう直前に留まることであり、またフッサールが「志向性（Intentionalität）という用語によって示した「自分以外のものを目指す」という意識独特の性格である。すなわちその場合、“(Ego) coito, sum”は、「対象＝内容」としては「無規定的知覚」と表現される以外の何ものでもないが、「作用」としては固有の実在性をもつのである。

サルトルの問いかけ

なお、以上の論点をすべて踏まえたうえで、サルトルは、権利問題に潜む新たな問題点を提起している。

たとえ権利問題ではカントに同意したところで、これだけで事実問題のほうも解決したというわけにはいかない。だから、ここではっきりと事実問題を立てることが適当である。いわく（中略）コギトは私のすべての表象に伴いえなければならないが、でもそれは事実上でも伴っているのだろうか、と。さらにある表象Aがコギトの伴わない状態から伴う状態へと移行すると仮定してみると、そのためにその表象に構造上のある変様が起こるのであろうか、それともその表象は根本においてなんの変化もなく留まるのであろうか、と。

（サルトル『自我の超越』竹内芳郎訳、人文書院、二〇〇〇年、一八〇頁）

たしかに、コギトはここでは「伴いうる」という可能性のレベルで登場してくるが、そうであるとしても、それがただの一度も「現に伴う」ことがないのだとしたら、「コギトはすべての私の表象に伴いえなければならない」という原理は成立しえない。この命題が成立するためには、現実の知覚体験がしばしばなければならないということであり、一生眠って夢を見ている者はいかなる意味でも統覚が機能してはいない。

以上の示唆することは大である。たしかにカントの場合、統覚はそれから現実性が（表面上）捨象されて成立しているのであるが、現実性を完全に捨象して成立しているのであるとすれば、それは「統覚」という名の単なる抽象的な機能であろう。しかし、カントはそれを自己意識、さらには「私」というあり方（コギト・スム）に重ねて解することを要求しているのだ。カントの統覚はデカルトの「コギト・スム」を放棄してはいない。統覚は「私の現存在」（スム）を無規定的に含むかたちで成立しているのである。

2　人格の同一性

人格性の誤謬推理

ここで第一章第一節の「超越論的誤謬推理」の検討において意図的に外しておいた、「人格性の誤謬推理」について考察することにしよう。カントにとって、「私」ははじめから自己同一的なものであって、まさにこの「人格性の誤謬推理」において、カントは「私」の独特の同一性を明らかにしている。「私の〈こころ〉」は、たしかに同一的であるが、この同一性は外的経験における対象（幾何学的対象、あるいは物理学的対象）における同一性とは異なり、純粋空間によっても質料（物質）によっても支えられていない。後者との比較に限定すれば、いかなる保存則にも支えられていないのであり、そのつどの端的な「同一という意識」にすぎない。

したがって種々なる時間における私の自我の意識の同一性は、単に私の思想および思想の連関の形式的条件ではあるが、しかし何ら私の主観の数的同一性を証明するものではない。この主観においては「私」という論理的同一性が存在するにもかかわらず、主観の同一性を持続することを許さないような変化がやはり生じうるからである。（A363）

この箇所が読みにくいのは、「主観（Subjekt）」が「実体（Substanz）」という意味で使われているからである。ここでのポイントは、「私の意識の同一性」は「私の主観（実体）の同一性」ではないということであり、カントは前者を論理的同一性、後者を数的同一性と呼んでいる。これを解読すると、「私」の同一性は〈いま〉「私」が端的に同一性を意識することのみに基づいているということであり、それ以外のいかなる規準にも基づいていないということであろう。このことから逆に、ここで使用されている「数的同一性」とは、延長実体＝物理学的対象を規準とする「同一性」であることがわかる。すなわち、そこには同一の保存量、カントの言葉では「持続的なもの（das Beharrlich）」が存するということである。

しかし、カントは思惟実体（res cogitans）を認めず、私の人格の同一性は、私がそのつど確認するだけなのであるから、認識ではなく、端的な「現存在の感じ」にすぎなくなる。こう見てくると、カントが微妙なかたちで、ヒュームの人格の同一性の議論を継承していることがわかる。

もしある印象が自我の観念を産み出すのであれば、その印象は、われわれに一生を通じて変わらず同じものであり続けなければならない。自我は、そういう仕方で存在すると想定されているからである。しかし、恒常的で不変な印象など存在しない。

（ヒューム『人間知性論』第一巻、木曾好能訳、法政大学出版局、二〇一一年、二八六頁）

ヒュームの経験論は印象と観念とのアトミズムであって、あるものが存在するためには、そのものの印象ないし観念が経験的に直接に（他から切り離しても）とらえられるのでなければならない。「とすると、私が『自己』と呼ぶものにもっと深く分け入るとき、私が見つけるものは、常に、熱や冷、暗や明、愛や憎、苦や快など、あれやこれやの知覚である」（同書、二八六頁）ゆえにそれらは存在するが、「私」という印象もその観念も存在しないことになる。

以上を、こう言いかえることもできる。ヒュームにとって、観念とは、対象的世界を構成する要素でなければならず、それは普通「犬」や「家」のような一般名詞で表される。その限り、そこからは代名詞で表されるものは総じて排除されるのであり、「それ」や「いま」や「ここ」という観念がないように、「私」という観念はないのである。

カントはこのことを認めたうえで、「私」とは対象世界を構成する要素ではないがゆえに、物体のように物理学の保存則に支えられた同一性をもたないが、やはり端的な自己意識が確認する限りの同一性を認める。それは、二つの客観的なものAとBとを並べて、その対象的性質が（場所以外に）不可識別であるという意味で同一であるというのではなくて、自己意識独特の同一性、すなわち〈いま〉過去のある状態Z_1を「私の」状態Z_1とみなすときに、〈いま〉Z_1を想起している「私」①はZ_1を体験していた「私」②にほかならない、という自覚である。

このあと、カントが挙げる「注」は、いかにも唐突な感じがする。カントはまず「弾力性の球」AからBへの力の伝達の例を挙げ、その後、これを直ちに「意識を伴った表象」の伝達の事例にそのまま転用するからである。

したがって最後の実体はそれに先立つ変化した実体の全状態を自分自身の状態として意識していることとなろう。なぜなら、先行諸実体の全状態は、意識とともに最後の実態へ譲渡されているからである。それにもかかわらず、この最後の実体にあたるものは、やりこれら

のあらゆる状態を通じての同一人であったわけではないであろう。（A364）

この箇所でカントは、人格の同一性とはこうした質料の伝達を許しながら保存則によって維持されている実体の同一性とは異なるものである、と主張している。このように、実体のあいだの記憶の伝達のように考えると、「（人間＝有機体として）の私」は、厳密には「これらのあらゆる状態を通じての同一人であったわけではないであろう」。しかし、「私」の同一性は、このような事例によって説明できるものではない。それは質料的な同一性に依存するのではなく、とはいえ概念における「論理的同一性」でもなく、ただ端的に〈いま〉かつての「私」の体験との同一性を自覚するということである。

以上のように「誤謬推理」では、人格の同一性は、端的な「私」の自覚に留まっているが、よく考えてみると、それは単に意識における形式的な自覚ではなく、やはり「私」は t_1 のときに「私が体験したこと」を〈いま〉端的に自覚しているという、内容を含んだ自覚となっている。すなわち、それは内的経験の同一性と重なり合い、さらに第二版において内的経験が外的経験に依存するという新たな見解を取り込むに至る。すなわち、人格の同一性は直接に外的経験をその要素にはしないが、外的経験との対応がなければならない。そして、外的経験とは、保存則に支配された一定の空間的・時間的位置をもつ諸対象（現象的実体）のあいだの相互関係である。こうして、人格の同一性は、内的経験を介して外的経験とも対応しているのである。

3　統覚中心主義批判

黒積俊夫の統覚解釈

本章の最後に、いわゆる「統覚中心主義批判」に触れておこう。黒積俊夫は、『カント批判哲学の構造――統覚中心的解釈からの転換』（とくに「第6章　先験的観念論の構造」）（名古屋大学出版会、一九九二年）において、カントの超越論的観念論における「統覚」を「超個人的自我」とみなすことを、「統覚中心主義」と呼んで批判している。黒積によると、これは、フィヒテにはじまり、コーヘンからフッサールに至るカント解釈であって、カント自身の見解ではない。超越論的統覚は固有の存在者ではなく、「経験的・個人的主観」（黒積は「経験的・心理的自我とも言う）だけが固有の存在者である。その根拠として黒積は、第二版の「観念論論駁」から次の文章を引用している。

しかしこの先験的〔超越論的〕意識は我々に我々の自己のいかなる認識も与えない。何故なら、我々の自己の認識は時間における我々の現存在の規定であり、そして、これが生ずるには、私は私の内官を触発せねばならないからである。（同書、一六九頁）

黒積は“transzendental”を「超越論的」ではなく、「先験的」と訳している。

それ故、観念論論駁における主観、換言すれば先験的観念論における主観は、私の現存在の経験的意識（先験的意識ではなく）の主観、即ち経験的個人的主観でなければなるまい。先験的観念論において、先験的非個人的主観なるものの占め得る場所はなく、況や物をかかる主観の表象として解し得る余地は存しない。

（同書、同頁）

しかし、カントはここで、超越論的統覚は「我々の自己のいかなる認識も与えない」と言っているだけであって、それがいかなる意味でも存在しないと言っているわけではない。この文章に続く黒積の次の結論も短絡であろう。

（前略）知覚の主観、即ち経験的意識としての心理的自我たり得るものは、直観の客観としての自我すなわち現象としての自我だけであり、常に思惟的主観に止まる自我（思惟的主観である限りの主観）は統覚の主観、換言すれば単なる論理的形式的自我でしかあり得ない。

（同書、一七一頁）

「知覚の主観」はたしかに経験的・心理的自我であるが、これと「思惟的主観である限りの主観」

との「あいだ」に、超越論的統覚は位置する。すなわち、それは世界を知覚はしないが、といって「思惟的主観に止まる自我」であるわけでもない。それはカテゴリーという思考形式や時間・空間という直観形式を適用する限りで世界を構成する主観であって、その限り実在的作用の主体として「実在的」であって、「単なる論理的形式的自我でしかあり得ない」わけではない。

そもそも統覚批判の前提として、黒積は「統覚中心主義と統覚非中心主義」という対立が存しているかのように論じているが、問われるべきは、統覚がそれだけ切り離して存在するとみなされているか否かである。超越論的統覚は、夢幻や仮象ではなく、単なる概念でも仮説でも理念でもない。よって問題は、実在する統覚が現存在するか否かであるが、これはカントの用語法では否定される。経験的・心理的自我は現存在するが、超越論的統覚はそれだけでは現存在しない。現存在するとは、〈いま・ここ〉に存在することであり、とすると幾何学図形も数も、思考の形式としてのカテゴリーも、直観の形式としての時間・空間も現存在しない。しかし、だからといって超越論的統覚からその独特の「実在性」を剥奪することは短絡であろう。超越論的統覚は、現象におけるいかなる場所にも存在せず、その「そと」に実在するのではなく、といって現象に偏在しているわけでもなく、まさに経験的統覚が現存在するその場所（すなわち、それぞれの身体が現存在する場所）に実在するのだ。このことは、純粋な三角形は（プラトンのイデア界のように）現象の「そと」に実在するのではなく、まさに紙やホワイトボートの上に描かれた経験的三角形が（物体として）「実在する」ところに「実在する」ということに呼応する。純粋な三角形は、まさに「そこに」、あらゆる質料を捨象した固有の広がりとして一定の空間の場所を占めている。

しかし、以上のような欠陥にもかかわらず、黒積は超越論的観念論、および超越論的統覚が内包する見通しにくい構造をえぐり出している。すなわち、超越論的統覚はそれ自体として存在するのではなく、それは「私の現存在」に支えられてはじめて存在するということである。「私の現存在」とは、先に述べたように、デカルトの「コギト＝スム」のカントによる解釈に呼応するものであって、けっして「経験的・心理的自我（経験的統覚）」ではない。それは「ただ現存在するだけの私」なのであって、現存在を（表面上）捨象した超越論的統覚の背後にいつも控えているのであり、その意味で、まさに「現存在する私」は、超越論的統覚およびそれによって開かれる客観的世界の「実在性」を底で支えているのである。

第二章　「私」は現存在する

第四節　現存在の感じ

1　統覚以前の自我

原自我（Ur-ich）と先自我（Vor-Ich）

ここで、あえて超越論的観念論の枠をはずして、フッサールのいう「自然的態度」に立ちかえって語ってみよう。「私」は、まず固有の身体 L_1 として生まれ、その後、言語を学んだ。そして、さらに言語を習得して、（記憶にはないが）あるとき「私（ぼく）」という言葉を理解し、語り出し、それが「私」一般を意味するとともに、その特定の口から語る L_1 に「宿る」特定の「私」

を意味することも学んだ。
デカルトは、「コギト・エルゴ・スム（cogito ergo sum. 私は思考する、ゆえに、私は現存する）」を端的に確実で明証な第一原理としたが、この原理は言語（ラテン語）を前提し、その一般的意味を前提している。そして明らかに、そう語る者がこの言語を「うち」から創造したわけではなく、あくまでも「そと」から学んだのであるから、またある種の有機体群（人間的有機体）しかこの言語を学べないのであるから、ここにこの言語を学びうる「能力（理性＝知性）」を想定したくなるのも当然のことであろう。こうして、「コギト以前」への旅が始まる。その典型例として、フッサールはコギト（純粋自我）以前の自我として、純粋自我自身である「原自我（Ur-ich）」と区別して、それ以前の自我を認め、「先自我（Vor-ich）」と呼ぶ。両者について田口茂は次のように明確に区別している。

「原自我」への問いは、ほかならぬ「私自身」に関わるのであって、その「私自身」とは、還元において「私はある」の明証を原本性において、すなわち私自身にとっての明証として体験する私である。したがって、「原自我」という語は、いわば私自身に最も近い私を、すなわち、いまエポケーの態度で現象学を行っているこの私に最も近い私を意味している。これに対して「先自我」は、現象学する者としての私にとって原理的な「遠さ」のうちにある。なぜなら、「先自我」とは、すでに過ぎ去った先行段階を意味しているからである。その先行段階においては、私はまだ「この私」ではないが、この先行段階は、私の意識がもつ歴史の奥深くに隠れている。

（田口茂『フッサールにおける〈原自我〉の問題――自己の自明な〈近さ〉へ』法政大学出版局、二〇一〇年、一五一頁）

田口はフッサールの文章を解読して、「先自我」は、「まだ『この私』ではないが、この先行段階は、私の意識がもつ歴史の奥深くに隠れている」ということによって、「現象学する者としての私〔すなわち「原自我」＝中島〕にとって原理的な『遠さ』のうちにある」という。この場合、問題は「私の意識がもつ歴史の奥深くに隠れている」自我を、なぜ「自我」の「先行段階」と言えるかということである。「先自我」は「私にとって原理的な『遠さ』」のうちにあるのだから、「私（コギト）」のうちからのアクセスの途は絶たれている。これに関して、田口は次のように言う。

「先自我」はまずもって再構築されねばならないのに対して、「原自我」は、あらゆる再構築以前に、ともかくいま私がそれであるところのものを意味している。

（同書、同頁）

よって、さらに問いは、その原型を知らないものを「私（コギト）」はいかにして再構築できるのか、ということになる。すると、それへのアクセスのカギを握るのは、「私の身体」しかないことがわかる。言語を学んだ後に「私（コギト）」を自覚するものは、「そこで」言語を学ぶ場所として、特定の身体をすでに有していた。「私（コギト）」と「この身体」との関係は原理的にわからないとしても、この事実は否定できないであろう、

沈黙のコギト

このことに関して、メルロ＝ポンティはコギト以前に「沈黙のコギト（cogito silenseux）」と呼ぶものを前提している。

しかし、もしも私があらゆる言葉に先立って、私自身の生活および思惟と接触しているのでなかったならば、もしも私のなかで語られたコギトが或る沈黙せるコギトと出会うことがなかったならば、私がそれらの言葉にどんな意味も（中略）見いださないであろうし、デカルトのテキストを読むことさえもできないであろうからだ。デカルトが『省察』を書くことによってめざしていたものもこの沈黙のコギトであって、このコギトが一切の表現作用を生気づけ、指導していったのである。

（メルロ＝ポンティ『知覚の現象学Ⅰ』竹内芳郎・小木貞孝訳、みすず書房、一九六七年、二九一頁）

この文章は、いかにも根源的なことを語っているようであるが、じつのところさまざまな「ド

クサ（doxa)」の上に成り立っている。それを鮮明にするために、メルロ＝ポンティとは逆の視点をとって、沈黙のコギト（これをCs（silenseux）と表記しよう）の側から見てみよう。すると、Csがまず特定の有機体に生ずるところから考察を始めることになる（なぜなら、それが「いかに」生じたかは不明だから）。まずCsが生じて、それがコギト（これをCp（parole）言語）と表記しよう）に「なる」。しかし、Csはどのようにして Cpに「なる」のであろうか。Csの段階にありながら、Cpにならない人間的有機体をどう考えるべきであろうか。

こう問うと、一切答えられないことがわかる。すなわち、この見解は純粋な仮説なのであって、すでにコギトに到達したところから見返して語っているのであり、すでに成立したコギトがコギト以前の「沈黙のコギト」を承認することを要求している。よってまず、コギト以前に、より根源的な「沈黙のコギト」があって、それがコギトへと展開していく過程を語ることはできない。その意味で、沈黙のコギトはコギトの否定性でしかない。コギトの側からヘーゲル的に言いかえれば、否定としての自己自身である、と語るほかない。

なぜ、それ自体として肯定的な「コギト以前」を、（あらゆる想定を廃して）明晰かつ判明に確立することはできないのか。その理由は単純であって、コギトは「この身体」L_1が存在する「ここ」で生じているのであるが、物質だけからなるL_1からコギトが直接的に生じたとは考えられないからである。コギトは、L_1の「そと」から言語を注入されることによって学ばれた。ということは、その言語は、L_1に注入されることによって「私」と語り出す、S_1が学んだのである。

こうして、S_1が「いかにして」成立したのかは、「私」には原理的に隠されている。あらかじめ複数の人間的有機体が言語を語り出すことを観察したうえで、一定の大脳部分に「言語中枢」という意味を付与すること以外には、特定の物質を観察して、そこから一方的に言語を学ぶ能力を導き出すことはできない。これらが言語を学ぶ能力を「もつ」ということは、ある言語を注入すると、やがてL_1がその口から言語を語り出す、という現象に全面的に依存しているのであり、その獲得の仕方を認識することはできない。

とはいえ、言語を学ぶことによってコギトに至った有機体S_1は、言語を自分自身で発明したのではなく、「そと」から採り入れたからには、採り入れる以前のS_1のあり方X（としよう）を前提することができる。とはいえS_1はXに、コギトに（否定的に）依存した「コギト以前」という名称を付与できるだけなのである。

無規定的な知覚

このことにカントは気づいている。カントは、『プロレゴメナ』のある注で、「なお、私はある現存在の感じ（Gefühl eines Daseins）以上のものではない（後略）」（『プロレゴメナ』篠田英雄訳、岩波文庫、一九七七年、一五一頁）と語っている。

ここに登場してくる「ある現存在の感じ」は、『純粋理性批判』第二版の「誤謬推理」において、「無規定的な知覚（unbestimmte Wahrnehmung）ないし直観（Anschauung）」と呼ばれるものに対応している。カントはそこで、「経験であるが、直観のあらゆる仕方に関しては何ら規定されていない」、「私は思考する（コギト）」（B421）、さらには「この〔コギトという〕命題は、ある無規定的な経験的直観を、すなわち知覚を表現する」（B422-423）と語っている。「無規定的な経験的直観」とは、ただコギトに伴うだけの直観であり、まさに「ある現存在の感じ」であるが、後者の引用箇所に続けて、カントは次のように語っている。

しかし、この〔コギトという〕命題は、経験こそが知覚の客観をカテゴリーによって時間に関して規定すべきなのであるが、その経験に先行する。（B422f）

ここに超越論的統覚と「無規定的直観」との関係が問われねばならない。前節で見たように、カントはあたかも、この固有の「無規定的直観」が指し示す「私の現存在」を捨象して、超越論的統覚を析出しているかのように描き出しているが、それは不可能であり（超越論的統覚が「私の現存在」と断絶したのであれば、なぜ「私」なのであろうか）、じつのところ、超越論的統覚とは、「私の現存在」を（表面上）捨象したあり方なのである。ここからしばらく後に、カントは次のように言っている。

無規定的な知覚というものがここで意味しているのはただ、与えられた、しかも思考一般に与えられた何か実在的なもの（etwas Reales）にすぎず、それゆえ、現象として、また事象自体そのもの（ヌーメノン）として与えられた何か、実在的なものではなく、むしろ、事実上現存在しており、だから私は思考するという命題においてそのようなものとして特徴づけられている、或るものとして与えられた、何か実在的なものにすぎない。（B422, Anm）

ここでカントは「無規定的知覚」を「何か実在的なもの」と呼んでいるが、それは、一方において、実体に関する誤謬推理において批判したデカルトの「思惟実体（res cogitans）」に代表される永遠不滅の「ヌーメノン」ではなく、他方、時間・空間中に見いだされる現象としての実体、すなわち身体–物体でもない。それは、（歯切れが悪いことに）「事実上現存在しており、だから私は思考するという命題において、そのようなものとして特徴づけられている或るものとして与えられた何か実在的なものにすぎない」のである。

この歯切れの悪い文章を解読するために、（同じく第二節「超越論的統覚」でみた）『純粋理性批判』第二版の「演繹論」における有名な文章を振り返ってみよう。

（前略）したがって統覚の綜合的な根源的統一において私自身を意識するのは、私が私に現象するとおりに意識するのでもなければ、私が私自身そのものであるとおりに意識するのでもなく、私は存在する（dass ich bin.）ということだけを意識する。この表象は思考であって

直観ではない。（B157）

統覚は現象でも物自体でもなく、「私が存在することの意識」、すなわち自己意識（Selbst-bewusstsein）として存在する（sein）。この関連で、カントが「この表象は思考であって直観ではない」と言っていることが重要である。このことは、第二版の「誤謬推理」においても確認される。

しかし、私が主観を表象する場合、常に意識しうるこの主観の同一性は、主観の直観とはかかわりがない。（B408）

「実在的なものである」統覚は、直観を介した自己直観（これは時間・空間的な自己の場所を確定すること）ではなく、ただコギトのそのたびごとに意識しうる「この主観の同一性」、すなわち自己意識にすぎない。この場合、「私＝私」という同一性の意識を、他のあらゆる「A＝A」という同一性の意識から区別するのは、スムという固有の「現存在の感じ」をおいて他にはないであろう。こうして、統覚は「未規定的知覚」、すなわち「私の現存在」を完全に捨象してはいないのである。

ここで混同してはならないのだが、このことがただちに統覚の「実在性」を保証するのではない。もし、そうであれば、統覚はデカルトにおけるレス・コギタンス（思惟実体）と変わるところはないであろう。カントにおいて統覚は、一方でコギトとの関係を保持していなければならないが、他方で直観の形式である時間・空間と、思考の形式であるカテゴリーとを「もって」、（現象としての）実在的・客観的世界を構成するという多大な能力をもっている。すなわち、（現象としての）実在世界を構成するものとして、みずから実在的でなければならないのである。

こうした観点からみると、現象的実在世界を構成する統覚は現象としての実在性をもつわけではなく、といって物自体（ヌーメノン）としての実在性をもつわけでもなく、まさにそれは、「経験を一般的に可能にする」という独特の意味で「実在的なもの」なのである。

2　現実的コギトからカント・スムと可能的コギト・スム

デカルトのコギトからカントの統覚へ

こうしてみると、「私の現存在（スム）」は、統覚から完全に追放されたのではなく（そうなら、どうして統覚が「私」だとわかるのであろうか）、いわば統覚にずっと「まといついている」。ここで、コギトに関して語っている『純粋理性批判』の先の箇所をふたたび引用してみよう。

ところで、私が思考する存在者をいささかなりとも表象しうるのは（中略）、この私の意識が他の物へと置き移されたもの（Übertragung）以上の何ものでもない。ところで、「私は思考する」という命題は、そのさい蓋然的（problematisch）にしか解せられていない。すなわち、この命題がある現存在についての知覚を含むであろう限りにおいてではなく（これが、デカルトの「コギト・エルゴ・スム」であるが）、むしろ、この命題の単なる可能性から見られている。（A347, B405）

ここで注目すべきことは、カントがデカルトの「コギト・エルゴ・スム」を二重の観点からとらえていることである。第一の観点は、デカルトにならって、「この命題がある現存在についての知覚を含むであろう限りにおいて」、すなわちコギトがスムを含む限りにおいてみることである。これは、「無規定的な経験的知覚」を伴うコギトに呼応する。カントは、デカルトのコギトを（「私の現存在」の規定的な感じではなく）、「ある現存在の感じ」や「無規定的な知覚」や「無規定的な経験的直観」等々を伴うものと解しているのである。

そして、第二の観点は、「現存在」すなわちスムを捨象して、コギトを「単なる可能性（蓋然性）から」みることである。これが統覚に呼応しているように思われる。しかし、もしコギトから「現実性」が完全に捨象されて「蓋然的＝可能的」に解されるなら、それは単なる文法的なコギト、代名詞としてのコギトであることになってしまうであろうが、これは統覚ではない。

なお、カントはデカルトを批判して、「コギト・エルゴ・スム（私は思考する、ゆえに、私は現存在する）」は同語反復だと言う。なぜなら、カントによると、「コギト（私は思考する）」と語るとき、われわれはすでに「スム（私は現存在する）」を前提しているからである。

「私は思考する（私は思考しつつ現存在する）」は現実性を直接的に言い表している。（A355）

この命題は、コギトを文字通り「統覚＝表象一般の形式」という純粋な「形式」としてとらえるかぎり、すなわち「私の現存在」を脱色した普遍的自我とみなす限り、理解不能であろう。たしかに、カントは第二版で書き換えられた「誤謬推理」において、繰り返しコギトを「論理的機能」（B407）、あるいは「論理的命題」と呼んでいる。しかし、その場合、カントが概念だけのレベルを問題にしているのではないことはたしかである。というのも、カントはコギトをここではスムを含んで解しているからである。

「私は思考する」はすでに述べたように、経験的命題であって、「私は現実的に存在する」をそのうちに含むものである。（B422）

であるから、むしろ「私が現存在する」ということは、じつはデカルトが考えたように「私は思考する」という命題から推論されたものとみなされてはならない。むしろ「私が現存在する」ということは、「私は思考する」という命題と同一（identisch）なのである。

（B422）

以上をまとめてみると、カントは、コギトを一方で、①現実性（スム）を含むものとしてとらえ、他方で、②現実性（スム）を剝奪した可能性（蓋然性）としてとらえている。この場合、たしかに統覚はそのうちに現実性を含まないが、それが「私」である限り、現実性を捨象するとしても、それを消去するのではない。それはなお、「私は存在するということ（dass ich bin）」として、すなわち「私の現存在」として潜在的に統覚を支え続けるのである。

ここで付言すれば、「コギト・エルゴ・スム」を大前提を欠いた推論（いわゆる「コギト推論説」）と解したのはカントの誤解である。デカルト自身、これは推論ではなく、コギトのたびごとにスムを直覚すること（いわゆる「コギト直覚説」）であると自覚している。カントは、実際にはこの引用箇所で直覚説をとり、コギトとスムが「同一」だと言いかえているのだ。とすると、スムはコギトから「分析的方法」によって導かれることになる。「分析的方法」とは、「『私は思考する』が、もともと現存在をそのうちに含む命題とみなされ、それが与えられたものとして根底におかれているような方法」（B418）である。

こうして、カントの超越論的観念論において、デカルトの「コギト・エルゴ・スム」に当たる第一原理は、「統覚が経験を可能にする」ことである。しかし、この統覚のあり方から、ただちにはそれが「私」であることは導けない。「私」であることは「私の現存在」を通じて（いわば「絶対的内面性」として）端的にわかる以外にはない。よって、超越論的観念論は超越論的統覚を第一原理とするのであるが、それが、デカルトのコギトに由来する「私」であることを含意するのであれば、「現存在する私」との何らかのつながりが必要であろう。それが『プロレゴメナ』の表現によれば、「現存在の感じ」なのであり、『純粋理性批判』の「誤謬推理」の表現によれば、「無規定的な知覚」なのである。

この「無規定的知覚」である限りの「私の現存在」が規定されるためには、それがいったんその現存在を（表面上）捨象して超越論的統覚に移行し、この超越論的統覚が客観的・実在的世界（外的経験）を構成することを通じてでなければならない。コギトは超越論的統覚として客観的・実在的世界（外的経験）を構成し、そのことを通じてはじめてその「うち」に固有の「私」の場所を決定するのであって、無規定的な「私の現存在」と規定された「私の現存在」とのあいだに、客観的・実在的世界（外的経験）の構成が介在するのである。

さらに、この規定された「私の現存在」は、固有の「内的経験（私の現実的な過去系列）」を有する「私」でもある。

ふたたび言い直せば、無規定的な「私の現存在」が超越論的統覚に変身することによって、外的経験を構成し、そのことを通じて、「私」はその外的経験の時間位置に正確に内的経験を位置づけることによって「私の過去」を形成する。超越論的統覚による外的経験の構成を介して、「私の現存在」は無規定的な現在から規定的な過去、すなわち「内的経験」へと変身する。これが、いわばカントにおける心身問題への回答である（これは次節で扱うことにする）。

3　根源的獲得

〈こころ〉の起源は身体でも神でもない

〈こころ〉は身体から生まれたのではないし、神によって注入されたもの（生得説）でもない。批判期前のカントは、両者の中間としての「根源的獲得」という思想を抱いていた。すなわち、〈こころ〉は、根源的に獲得されたのだ。第二節「超越論的統覚」で確認したように、カントの方法は「分析の道」と「綜合の道」という円環であるが、『純粋理性批判』においては、後者のみをたどっている。では、ア・プリオリな認識の源泉が潜む「分析の道」は開かれていないのか。そうではない。その一つは「根源的獲得」の思想であり、この概念は『純粋理性批判』では顕在的には身を現さないが、それでも、例えば次の箇所で仄めかされている。

> なぜなら、分析的原則はなるほどこのうえなく重要ではあるが、しかしそれは、その諸概念の判明性に達するためにだけであって、そのような判明性は、真に新しい獲得としての、確

実で拡大された綜合のためにこそ、要求されるものだからである。（B13-14. 強調、中島）

そして、『純粋理性批判』から九年後に出版された『純粋理性批判の無用論』（一七九〇年）において、カントは次のように明言している。

批判は、付与された表象あるいは生得的な表象をまったく許さない。表象が直観に帰属しようと悟性の概念に帰属しようと、それらを総じて獲得されたものとみなす。とはいえ、（自然法の学者たちが表現するように）根源的取得、つまり以前にはまったく存在せず、したがってこの（獲得という）作用に先行するいかなる事柄にも属さなかったものの根源的獲得ということもあるのである。そのようなものは、批判が主張しているように、第一には空間と時間における物の形式である。第二には概念における多様の綜合的統一である。

（カント全集第一二巻、門脇卓爾訳、理想社、一九六六年、一二一頁。訳者は「取得」という訳語を用いているが、ここでは「獲得」という訳語を用いる）

「根源的獲得」とは、経験的でもなく、といって生得的でもない権利の源泉である。「私」がカテゴリーの一つ、例えば因果律を現象に適用する権利をもっているのはなぜか。それは「私」がさまざまな因果的な現象を観察して、それらからカテゴリーを経験的に獲得したからではない。

その説明では、因果律のア・プリオリ性（普遍妥当性と必然性）は保証されないからである。とはいえ、それは、誕生前に私に生得的に与えられたものでもない。批判主義の立場からは、こうした経験を超える権利の源泉は認められないからである。

では、因果律を「私」が現象に適用する権利を有することに関して、その適用のア・プリオリ性（普遍妥当性と必然性）が保証され、かつ生得観念説とは別の、いかなる説明が可能であろうか。第三の細い道が開かれている。さしあたり参照できるのは、「自然法学者たち」が主張する「無《む》主《しゅ》物《ぶつ》先取《せんしゅ》」の思想である。有限である地上において、事実上所有者のいない土地でも、可能的・理念的にはすでに共通の権利として各人に与えられており、こうした前提のもとに、事実上最初に発見した個人は、その土地を根源的に獲得するのだ。カントの『人倫の形而上学』（一七九七年）には、これに呼応する次のような記述がある。

> ところが、物件（従ってまた、地上のある区画化された場所）を私の物と名とすること、すなわち領得（appropriatio）は、根源的獲得においては一方的（一方的な、または自分だけの意志（voluntas unilateralis s. propria）意志による意思の外的対象の取得は先占である。だから、この外的対象の、したがってまた区画化された一定範囲の土地の根源的獲得は、ただ先占（occupation）によってだけ生ずることができる。
>
> （『人倫の形而上学の基礎づけ』第六巻、野田又夫訳、世界の名著三二、中央公論新社、一九七二年、

三九一頁。訳者は「取得」という訳語を用いているが、ここでは「獲得」という訳語を用いる）

根源的獲得という思想の基本構図は、所有権や相続権や人格権など、多くの権利の源泉に関する法学的な説明として有効である。例えば、私は生まれることを条件として人格権を根源的に取得したのであるから、生まれた限りにおいて普遍妥当的かつ必然的にそれを獲得したことになる。こうして「私」は、生まれる以前、魂に刻印されているという形而上学に依存することなく、人格権をいかなる場合でも正当に、すなわち普遍的かつ必然的に適用できる。カントによれば、こうした法的権利と同様に、「私」はカテゴリーを（判断表を「導きの糸」として）根源的に取得した、というわけである。

なお、根源的獲得の思想は批判期にも完全には埋没していないが、とくに時間・空間が経験的に獲得されたのでもなく、生得観念でもなく、根源的に取得されたと解することは無理があるであろう。というのも、所有権が根源的に獲得されたと言えるのは、所有権がその上に成立するはずの諸物体がすでに時間・空間内に存在するという保証があるからであるが、時間・空間が根源的に獲得されたと言えるためには、ただ「私の身体」が端的に感ずる方位のみから物理学的時間・空間が獲得される必要があるが、それは不可能であろう。

では、根源的獲得は「統覚」に関して成立するであろうか。統覚は、「現存在する私」がその現存在を（表面上）捨象することによって成立するのだから、その源泉は明確であるように思われる。しかし、「現存在する私」は、〈いま・ここ〉に固有の身体をもって現存在するにすぎないのだから、それがカテゴリーという思考の形式をもち、それらによって（現象的）客観的世界の全体を構成できる能力をもつ超越論的統覚を「獲得する」ことは理解できないであろう。

この源泉への問いは、理性や悟性の源泉への問いと重なり合っている。理性や悟性の源泉は、カントにおいて常に隠されている。たしかに「私」は、言語を（自分の内部から開発したのではなく）「そと（他人）」から学ぶことによって習得したのだ。じつのところ、所有権や人格権の場合も根源的獲得の仕方は隠されているが、このことは結局のところ〈こころ〉の成立の仕方、さらに限定すれば、言語習得の仕方が隠されていることに基づく。「私」が法的には言語習得以前も人格権をもちうるのは、後に言語を習得して理性的存在者になりうるからであるが、「いかにして」将来、「私の身体」になる「この身体」が理性や悟性を根源的に取得するのかは、まったくわからないのである。こうして、カントの超越論的観念論は、根源的獲得の思想をそのまま継承しているとは言えないであろう。超越論的観念論においては、むしろ「私」ははじめから理性・悟性・感性を具えた有限な（人間的）理性的存在者として「現存在する」のであって、その由来は隠されているのである。

「私の現存在」の由来は未知である

以上の考察から、カントが開示する超越論的観念論においては、固有の「感じ」ないし「未規定的知覚」をもって〈いま・ここ〉に現存在する「私」は、さしあたり登場してこない。「私」はさしあたり（表面上）、その現存在を捨象されて客観的世界に対峙している超越論的統覚として登場してくる。こうした単純な構図がともかくも成り立っているのは、この場合、客観的世界とは諸物体が相互関係をもちながら運動（静止）するだけの物理学的世界に限定されているからである。言いかえれば、超越論的統覚とは、こうした世界を構成できるだけの（物理学的）時間・空間という直観形式を有し、こうした世界を構成できるだけのカテゴリーという思考形式を有している限りの「私」である。

この世界には二つの方向に限界が設けられている。一つの限界は、「上の限界」であって、この世界からは物理学的世界を超えるような精神世界（叡智界）、およびその世界の存在者である神や霊魂がことごとく排除されている。そして、「下の限界」は固有のパースペクティヴをもって現れる知覚的世界や想起的世界、あるいはその要素（ロックの言う第二性質）としての色や音や重さ、さらには知覚や想起に伴う（感情を含んだ）「主観的状態」などが排除されている。さらに夢や幻覚なども排除されている。

こうしてカントの言う、「客観的世界＝可能なる経験」とは、「私」が現に経験している世界の豊富さに比べたらきわめて乏しいものであって、カントはそこに成立するア・プリオリな綜合的判断に集中的に視線を注いだのである。この背景には、カント自身それほど自覚していないが、広義の物理主義が潜んでいる。認識に関する限り、運動する諸物体の相互関係を正確に記述できれば、あとはそこから派生的に導けるのであって、知覚や想起や感情に固有の問題は残らない。

しかし、カントは同時に、こうした客観的世界における認識（経験判断）とは別に、主観の状態に関する「知覚判断」を認めているし、「客観的世界＝物理学的世界＝外的経験」に吸収されない世界を「内的経験」と呼んで確保してもいる。外的経験とは、物体のあいだの因果関係と相互関係とからなる実在的・客観的世界であり、内的経験とは、これを「現存在する私」が〈いま・ここ〉で知覚したり想起したりするときに、現れる世界である。これらは外的経験の一部として外的経験に組み込まれることはないが、外的経験における諸現象と時間的に対応させることができ、その限り「経験」という名を獲得する。この意味で、「私」が対している経験は外的経験のみならず内的経験でもあるが、それらが「どのように」外的経験と関係しているのかは超越論的観念論のうちではアポリアとして残される。〈いま〉ありありと思い出される四〇年前のウィーンの下宿の窓から見る光景は、そのときの街路にこびりついているわけではなく、〈いま〉「私」の脳の中にあるわけでもない。わかっているのはただ、私が現に「あったこと」として思い出しうるということだけである。

こうして「現存在」を（表面上）捨象した「私」である超越論的統覚が、その思考の形式と直観の形式とによって外的経験の実在性（のみ）を確保したのだが、ここでもう一つの大いなる犠牲は、この客観的実在世界から「現実性」が排除されているということである。現実性は「コギト・スム」、すなわち「私の現存在」によってのみ保証される。「私」は概念から超越しているが

(すなわち単なる概念ではないが)、それはもちろん幾何学図形が概念から「そと」の実在性を得る作図によってではない。むしろ「私」は、はじめから端的に「現存在の感じ」をもつがゆえに、概念ではないのである。

カントがデカルトに反撥して、“Ich denke”ではなく、はじめから“Ich denke existierend”を挙げているのも、以上の連関から理解できる。もし、超越論的統覚が「私の現存在」から完全に分離されたものだとすれば、超論的統覚がなぜ「私」なのか、理解することはできないであろう。超越論的統覚が「私」であることを理解させるもの、それは「私の現存在」以外にはない。しかも、「私の現存在」は、その現存在の端的な「感じ」以外のどこからも理解されないのであり、それに基づいているからこそ(たとえその現存在を捨象するという否定的関係にせよ)、超越論的統覚が「私」であることも理解できるのである。

カントは一方で、世界の統一的記述のために「私の現存在」を(表面上)捨象したのであるが、他方、「私の現存在」はそれでも通奏低音のように超越論的観念論の底で鳴り続けているのである。

宇宙論的証明と私の現存在

以上に関連して、「宇宙論的証明」の核心をなす部分に、「スム＝私の現存在」が登場してくることを確認しておこう。カントによれば、宇宙論的証明自体は批判すべき対象であるが、その前提をなす「私の現存在」はそうではない。

あるものが現存在するなら、ある端的に必然的な存在者もまた現存在しなければならない。なお、少なくとも私自身は現存在する。よって、ある絶対的に必然的な存在者が現存在する。
（A604, B632）

カントの論法は、「少なくとも私自身は現存在する」のだが、このことから「ある絶対的に必然的な存在者が現存在する」ことは導けない（宇宙論的証明は成り立たない）ということである。この論法において、「少なくとも私自身は現存在する」を起点としていることは注目してよい。カントは一方で、超越論的統覚を根源的統覚と呼び、それが構成する「一つの経験」を実在性の基準としているのであるが、他方、現実性はあくまでも「現存在する私」を基準にしている。

超越論的観念論は、表向き超越論的統覚の開く（現象的）実在界を中心に展開しているが、じつのところ、それに解消されないかたちで、それと並んで「現存在する私」がもう一つの楕円の焦点のように存している。これに関連して、宇宙論的証明がなぜ成り立たないのかを探ってみると、カントが表向き批判している理由（遡行系列自体の無意味性・不合理性）と並んで、あるいはより根源的に「私の現存在」を「そと」から観察し論証しようとする無意味性・不合理性に帰着するように思われる（同じことが、宇宙論的証明に留まらず、本体論的〔存在論的〕証明にも、自然神学的証明にも当てはまる）。

ここで、問題を「神」から一人称の存在者一般に拡大すると、問題のありかがより鮮明に見えてくる。すなわち、一人称の存在者は何であれ、その存在を「そと」からは論証も直観もできず、一人称の存在者そのものが「うち」から端的にとらえるほかない、ということである。そして、人間的一人称の場合、これこそ「現存在の感じ」が意味するものにほかならない。

こうした観点から見直せば、「存在は、明らかにいかなる実在的な述語でもない」（A627, B599）というかの有名な命題も、「一人称の存在は、明らかにいかなる実在的な述語でもない」と限定すれば、より正確にわかる。「スム（私は存在する）」はそう語る発話者にとって、「うち」から端的に了解されるほかないものであって、「そと」から二人称の「エス（君は存在する）」、ないし三人称の「エスト（彼は存在する）」によって代用すること、ないしそれらへと翻訳することはできないのである。

ここに、神の現存在と「私」の現存在とを結ぶ細い糸が見えてくる。カントはなぜ、神の現存在を批判しながら、「私」の現存在を承認するのか。その理由は、「私」の現存在は概念とは別のもの、すなわち「現存在の感じ」によって端的に与えられているが、神にはそれが欠けているからである。

カントの認識論を通じて最大とも言える難問は、概念と実在、あるいは概念と現存在との関係である。概念と実在との関係は「演繹論」においてはっきりテーマ化されているが、概念と現存在との関係は見通しにくい。それは『純粋理性批判』においては、「私の現存在」と「神の現存在」

というように、それほど顕著ではないかたちで登場してくる。両者をつなぐもの、それは「一人称というあり方」である。神の現存在は、(人間的)私の現存在とは、はなはだ異なっている(とさえ言えない)だろうが、一人称であることは共通している。神の現存在は、古典的(カント以前)には概念、あるいは独特の知的直観によって確認できたのだが、カントにとって、一人称である神の現存在を確認するには唯一の道しかない。それは、それ自身が「内側から」端的に(感じるのでないとしても)直観することである。とすると、そういう直観(知的直観)をもたない「(人間的)私」には確認できないことになるのである。

補節　永井均の「カント原理」について

分析的統一としての私

永井均は、『存在と時間——哲学探究Ⅰ』(文藝春秋、二〇一六年)において、超越論的観念論、とりわけ超越論的統覚の基本図式を「カント原理」と称して、みずからの「〈私〉論」と重ね合わせている。その場合、永井は『純粋理性批判』第二版の「演繹論」における、「統覚の分析的な統一性は何らかの綜合的な統一性を前提してのみ可能である」(B133. 以下、カントからの引用は永井の翻訳に従う)を原点として、そこからすべての議論を展開する。その場合、永井の記号による

〈私〉、すなわち「むき出しの〈私〉」を、カントの言う「分析的統一としての私」に対応させ、永井の記号による「私」、すなわち「繋がりの仕組みによる『私』」をカントの「綜合的統一としての私」に対応させる。そして、次のように断定する。

「むきだしの〈私〉」が「分析的な統一性」に「繋がりの仕組みによる『私』」が「綜合的統一性」に対応することは明らかだろう。（中略）すなわち、綜合的とは「繋がりの仕組みによる」という意味であり、分析的とは「むき出しの」という意味であることになる。（中略）「綜合」とは、客観的に妥当な「実在」を作り出すことであり、最初から与えられている（したがってじつはまだ正当にそうは呼ばれえない）〈私〉を、一人の人間として持続する（したがって正当にそう呼ばれうる）「私」へと作り上げる作業である。（永井『存在と時間Ⅰ』九七—九八頁）

永井は「普通の」カント解釈に挑戦するかたちで、この文章を解釈する。すなわち、「普通の」カント解釈によれば、Ich = Ich という単なる分析的（論理的）統一性（同一性）からは、Ich = Ich 独特の統一性（同一性）は導けず、そのためにいったん統覚は超越論的統覚として、みずからを世界に向けて超越させ、世界を綜合的に統一する仕方を通じて、はじめてその固有の統一性（同一性）が確保できる、というものである。しかし、永井の疑問は、それでも統覚の固有の現存在が「はじめから」確保されているのでなければ、けっしてそれを世界の統一の仕方（綜合的統一性）から確保することはできない、ということである。

この永井の洞察は、こう表す限り間違ってはいないが、この洞察から永井は、分析的統一性のうちに現存在の「原石」、すなわち永井の言葉を使えば、「むき出しの〈私〉」を認めるという方向に進んでしまい、ここでカントと袂をわかつ。

超越論的統覚とは、むきだしの第一基準から出発して、第二基準をその内側から作り出して自己自身にも当てはめて自己を実在化し、さらに第一基準自体をもその内部に収めて実在化するはたらきのことである。

（同書、九九頁）

こうした考え（カント解釈）は、永井の以前の著作にも登場してくる。

カントは、我思うゆえに我ありという原理だけから客観的世界の存在が証明できると言った。（中略）客観的世界とそれを成立させる心のはたらきとのこの表裏一体の認識は、カント哲学の比類なき洞察である。

（永井均『私、今、そして神——開闢の哲学』講談社現代新書、二〇〇四年、一一五頁）

永井は、カントの超越論的統覚のある側面を正確にとらえているが、それと並ぶ他の重要な側面をとらえ損なっている（とらえようとしない）。それはカントの超越論的観念論における「私」が、現実性を捨象された超越論的統覚に限定されていないということである。それは「現存在する私」によって補完されている。これは、先に触れた「現存在の感じ」に呼応する。

さらにここには二段階があり、統覚は世界を綜合的に統一するときに自分自身の「内官」を触発して（自己触発）、固有の現実的な体験系列を構成する。しかし、もちろん統覚はこの固有の現実的な体験系列を「無から創造」したのではない。統覚は、こうした世界構成・自己構成という作用を遂行することを通じて、Xからの触発によって「はじめから与えられていた現存在」をあらためて再獲得するのだ。

したがって、永井の言うように、「我思うゆえに我ありという原理だけから客観的世界の存在が証明できる」わけではなく、「我思う、我あり」がその現実性を捨象して超越論的統覚に移行し、さらに超越論的統覚が固有の内的感官〈身体〉を触発するという円環構造において、「客観的世界の存在が証明できる」のである。しかも、このすべてがXからの触発という「磁場」の中で遂行される。もし、超越論的統覚だけにおいて、「むき出しの第一基準から出発して、第二基準をその内側から作り出して自己自身にもあてはめる」ことが遂行されうるのなら、超越論的統覚は「物自体（神的悟性）」になってしまうであろう。カントは明言している。

というのは、私がみずから直観するある悟性を考えようとするならば（それは、与えられた対象を表象するのではなく、その表象を通じて対象自体が同時に与えられ、あるいは産み出される神的悟性のようなものであろうが）、カテゴリーはこうした認識に関しては、いかなる意義ももたないであろう。

（B145）

実際、永井は、『存在と時間I』においてさらに、「（〈私〉は）『物自体』として、いきなり、むき出しで、ただ存在するのである」と断言して、この「むき出しの第一基準」における〈私〉を「物自体」に重ね合わせている。だが、この解釈は（少なくともカント解釈としては）いかにも無謀である。というのも、ここには実在性と現実性との差異という問題が潜んでいて、二重触発論が強調するように、第一に、超越論的統覚は、物自体からの触発に基づいて存在（実在）するのであって、それ自体として実在するのではない。

しかし、超越論的統覚が「私」であるかぎり、それは捨象されたはずの「私の現存在」との関係を切断してはならず、「私の現存在」が統覚の「私性」を補完するのでなければならない。この関係は、超越論的観念論の「うち」では、超越論的統覚が内的感官を触発するという「自己触発」の登場によって顕在化される。しかも、「私の現存在」もまた当然ながら、「私」がみずから現存在を与えたのではないのであるから、物自体からの触発による。すなわち二重触発論を改変すれば、物自体からの触発によって超越論的統覚は人間固有の実在性を獲得し、その超越論的統覚が内的感官を触発することによって、「私」はすでに手にしていた「私の現存在」を再獲得するのである。

永井は実在性と現実性とを同一視しているが、カントにおいて両者は区別される。統覚の分析的統一は、実在性のレベルで統覚が単なる概念ではないことを保証するものであって、現実性とは関係がない。統覚は、そもそもの成立から現実性を捨象されたものであって、それ自体、現実的ではなく、それが「私」であることを保証するのは、それを補完する「私の現存在」なのである。

よって、分析的統一のうちに「むき出しの〈私〉」をみることはできない。それは、確かに「むきだしの何か」であるが、「私」ではない。永井の〈私〉は、「私」によって補完されなければ、（普通の）「私」になりえないのであるから、一見似ているようでもあるが、大きな違いは、分析的統一の実在性は自己完結していないということ（そうなら実体になってしまうであろう）、やはり物自体からの触発を必要とするということである。

超越論的統覚をあえて記述してみると、「私の現存在」の現実性を捨象して、客観的・実在的世界が「一」であることとぴったり呼応して「一」であるような、しかもそのような世界を構成する意識作用である。そして、それがそのまま「私の現存在」から現実性を捨象したものにほかならない、とは言えないのであり、このことは「私の現存在」の側からそのつど端的に確認していくことができるだけである。

デカルトにおいて、「コギト・スム」によって「私（エゴ）」が「スム（現存在）」を与える（創造する）のではなく、ただ与えられたことを確認するだけであるように、カントにおいても、感性的・理性的存在者である人間的「私」は超越論的統覚であり、かつ「現存在する私」であって、前者が後者によって補完されてその固有の現実性を獲得するにすぎず、しかもその全体は物自体からの触発に依存していることになる。言いかえれば、人間的私はみずからの現実性を創造できず、それを確認することができるだけなのである。

神であれば、みずからに現存在を与えることができるであろうが、人間にはできない。しかも、このこと自体も神自身しか認識しえず、人間には認識しえない。こうして、人間にとって、神は現存在を確保できない概念だけの「理想（das Ideal）」となり、超越論的統覚は、Xからの触発の「磁場」の中で、現象を綜合的に統一するという独特の仕方で、すでに確保し、みずからの際には捨象した固有の「現存在」を再獲得できるだけである。触発するXを物自体と読みかえる場合、物自体とは「むきだしの私」ではなく、あくまでも「他者」なのだ。

永井の解釈する超越論的統覚は、「X（他のもの）」からの触発によって出発してではなく、「むき出しの〈私〉」から出発して自己完結するものであるから、まさにカントの批判する「神的悟性＝物自体」になってしまうであろう。こうして、永井の言う「カント原理」は、「カントの原理」ではなく、むしろその対極に位置すると言ってよいであろう。

第五節　「私の」身体

1　統覚と「私の」身体

統覚は「私の」身体の乗り物か?

現存在する「私」は、いかなる時点をとっても、「どこか」に現存在しなければならない。このことは、現存在する「私」は、固有の身体をもつということにほかならない。私が現存在する「感じ」をもつとしても、その「感じ」は世界に遍在するものではなく、一定の場所に局在化していなければならず、その場所こそ「私の身体」である。現存在する「私」は、「そこから」世界を経験するのであって、この場所がなければ、「私」は「(人間的) 私」ではないであろうし、その核心をなす内的経験をもつこともできないであろう。

しかも「私」が固有の身体をもつことは、必ずしもその固有の質料に基づく内部をもつことを意味しない。内的経験は「私」が外的世界を経験する「仕方」の系列なのであって、その質料はすべて外的経験に由来する。このことから、「私の身体」の存在論的位置が微妙になる。たしかに、

「私の身体」（L_1としよう）は特定の物体であって、それにカテゴリーを適用することによって、それは他の諸物体との因果関係のうちにあり、一つの経験を可能にすることがわかる。しかし、それはL_1という物体であるかぎりにおいてであって、このことから「私の身体」という独特の意味は消去されている。L_1が「私の」身体であることは、カテゴリーから導かれはしないし、「カテゴリーの乗り物」としての超越論的統覚からも導かれない。超越論的統覚は、その全能力をもってしても、さまざまな物体のうち、「この物体」L_1を「私の」身体として選び出すことはできない。

では、L_1が「私の身体」であることは、何に基づくのか。それは（次章で立ち入って考察するが）超越論的観念論の成立のさいに前提されている「コギト・スム」にまで、さらにはその背景をなす「現存在の感じ」にまで遡らなければならない。ここで、ふたたび「コギト・スム」における「現存在の感じ」を、「私の身体」を解明する方向を目指して探ってみよう。

先にみたように、超越論的統覚は「カテゴリーの乗り物」である。しかし、超越論的統覚は直観形式である時間・空間の乗り物ではないであろう。超越論的統覚が思考の形式に「乗る」ことは比喩的にせよ考えられるが、直観形式としての時間・空間に「乗る」ことは考えられない。このこととともに、直観形式としての時間・空間と、純粋直観としての時間・空間との根本的差異という問題が浮上してくる。カントは「感性論」の初めに次のように書いている。

私は、感覚に属するものがそこでは何ひとつとして見いだされないすべての表象を、純粋（超越論的な意味で）と名づける。したがって感性的直観一般の純粋形式は心のうちでア・プリオリに見いだされるであろうし、現象のすべての多様なものはこの純粋形式のうちで或る種の関係において直観されるのである。感性のこの純粋形式は、それ自身もまた純粋直観と呼ばれるであろう。

（A20, B34）

カントは純粋形式を、「それ自身もまた純粋直観と呼ばれるであろう」と言っているが、形式とは質料に対立する概念であって、まさに「純粋形式」というように、そのうちには「感覚＝質料」が含まれていない。幾何学を考えればわかりやすく、ある直角三角形T_1とはそこに感覚＝質料が含まれていない形式である。この場合、形式とは直角三角形を作図する機能ないし規則と言いかえてよいであろう。

だが、純粋直観上に描かれた固有の三角形は、概念とは異なって一定の広がりをもつ（でなければ幾何学図形としての三角形ではない）。よって、超越論的統覚が形式（世界を時間的・空間的に秩序づける作用）としての時間・空間の乗り物であることは理解できるとしても、純粋直観の乗り物であることは、（比喩であるとしても）断じて理解不能である。超越論的統覚は、いかにして一三八億年と数十億光年に及ぶ誇大な時間・空間を「乗せて」運べるのであろうか。

空間・時間は根源的に獲得されるのか？

ここで、先に（第二節で）残しておいた根源的獲得と空間・時間との関係を吟味することにしよう。『純粋理性の無用論』からの引用箇所（二三頁）を再び挙げることにする。

> 批判は、付与された表象あるいは生得的な表象をまったく許さない。表象が直観に帰属しようと悟性の概念に帰属しようと、それらを総じて獲得されたものとみなす。とはいえ、（自然法の学者たちが表現するように）根源的獲得と言えども、つまり以前にはまったく存在せず、したがってこの（獲得という）作用に先行するいかなる事柄にも属さなかったものの根源的獲得もある。そのようなものは、批判が主張しているように、第一には空間と時間における物の形式である。第二には概念における多様の綜合的統一である。
>
> （カント全集第八巻『判断力批判』原佑訳、理想社、一九六五年、二二一頁）

たしかにここでカントは、根源的に獲得されたものの第一に、「空間と時間における物の形式」、すなわち「直観の形式」としての空間・時間を挙げているが、「直観の形式」は、「広がり」のある空間・時間ではない。いかなる幾何学図形も空間の「上に」描けるが、その空間は形式にすぎないのではなく、「広がり」をもつものである。たしかに「私」は、自分のいる地上の場所からアンドロメダ大星雲までの距離を与えることができる。しかしこのことは、「私」がこの広大な広がりそのものを与えることではない。アンドロメダ大星雲までの「広がり」は、「私」が計測することに依存せず、その意味で私が計測する前にあったのでなければならない。「私」は、「空間」という名の「私の〈こころ〉」を計測しているのではない。

このことをさらに距離の計算に的を絞って考え直してみよう。カントにとってア・プリオリであるのは、単に普遍的・必然的であるのみならず、その普遍性・必然性の根拠が「私」の「うち」にあるものでなければならない。よって、ニュートンの絶対空間はたしかに必然的ではあるが、その根拠が「私」の「そと」（カントにとっては物自体）にあるから、ア・プリオリではないのである。

あまり議論されることはないが、空間のア・プリオリ性が概念のレベルでのア・プリオリ性ではなく、直観のレベルのア・プリオリ性であることは、幾何学図形の作図の場面のみならず、算術の場面でも示すことができる。というのも、ベルクソンが指摘するように（『意識に直接与えられたものについての試論——時間と自由』合田正人・平井靖史訳、ちくま学芸文庫、二〇〇二年）、算術、例えば 10000 ＋ 10000 ＝ 20000 という加法が 1 ＋ 1 ＝ 2 という加法と同じほどたやすく解答に至ることができるのは、概念ではなく、直観によっているからである。この場合、「私」は 1000 を、1000m を 1km とみなすように、はじめから空間的長さ（直観）として把握している。よって、1km ＋ 1km ＝ 2km は 1m ＋ 1m ＝ 2m と同じようにたやすくできる。こうして、空間におけるあらゆるものの空間的長さ（広さ・容積）は、「私」が適当な単位（1）を決め、それを宇宙全体に及ぼすことによって決まる。

この意味で、宇宙におけるあらゆる物の長さは測定しなければならないから経験的であるが、測定した物と物との関係（算術）はア・プリオリに決まる。

こうして、たしかに宇宙の諸物間の距離は単位によって決まるゆえに、計測する主体に依存するという意味で主観的であるが、だからといって、「私」が距離そのものを産出したわけではない。宇宙は、われわれがそのなかの諸物を測定するより以前に「広がっていた」のである。

「広がり」の由来？

スピノザやニュートンにおいては、空間的広がりの由来は直ちに答えられよう。スピノザにとって空間（延長）は神の「属性」なのであり、ニュートンにとって空間は神の「器官」なのであるから、いずれも広がりは神に帰せられる。しかし、カントの場合、空間の広がりの由来を超越論的統覚に求めることはできないが、といってそれを物自体に求めることもできない。物自体があらかじめ空間的に広がっていて、それが私の感性を触発するという構図は、超越論的観念論の基本構図から逸脱する。そのとき、空間が「（人間的＝感性的）直観の形式」であるという意味は、みずからを維持できずに崩壊するであろう。

とすると、空間的広がりの由来を問うても、超越論的観念論の構図の「うち」では答えを見いだせないことになる。言いかえれば、「直観形式としての空間」というカントの理論は、「広がりの由来」を問わないことによって成り立っているのである。

　幾何学図形の作図の場面に限定して、考えて直してみるに、「私」はユークリッド幾何学の公理を完全に理解し、かつ円という概念をもっている。「私」は半径五センチメートルの円をホワイトボードの上に作図することができる。しかし、ホワイトボードの「広がり」は私の直観という能力がもっているものではなく、私は作図の際にそれを前提していることになる。

　こうして、「広がり」の由来がわからないことによって、「感性」という「受容性」の「形式」が世界にではなく、主観（こころ）に配置されていることの意味が不可解になる。すなわち、空間は感性の形式であり、感性とは人間の心的能力であり、その形式をX（カントはこれを「経験」と呼ぶが、それは投げ込んだ後の名称である）に投げ込むことによって、Xは空間的広がりを取得するということを理解するのは困難である。感性の形式自体は広がっていないが、そして、Xももともと広がっているのではないが、感性の形式をXに投入するとXが広がりを得ることがどうして可能なのであろうか。とはいえ、もともとX（物自体？）が広がっているのなら、広がりを欠いた空間という直観形式とは、いったい何であろうか。

　以上の考察によって、空間的広がりはやはり「私」に「与えられている」と仮定する以外にないであろう。しかし、そうであるなら、今度は新たな問いが湧き出してくる。すなわち、統覚という思考するものが感性の形式をもっているはずはないのであるから、それは感性の形式といかなる関係にあるのであろうか、と。つまり、ここには、直観形式と「広がり」との関係、さらに統覚と直観形式との関係という二重の難問が控えているのだ。

量義弘《はかりよしひろ》は、『カント哲学とその周辺』（勁草書房、一九八六年、一九四頁）の「第七章　時間の起源と構造」においてこの問題を扱っている。管見では、邦文文献のうちこの論文が、ここに潜む問題を扱っている唯一のものである。量は、空間・時間の所与説と根源的獲得説とを比較して（おもに時間について論じているが）、後者は成り立たないと言う。その論拠はほぼ本書と同じであるが、さらに量は、後者を主観的所与説（生得説、産出説）と客観的所与説とに分けたうえで、前者から「神による創造説」に高まらなければならないとする。このあたりの論理展開ははっきりしないが、これは一種の客観的所与説であるように思われる。

> 生得説としての主観的所与説を完全に克服するためには、産出説に留まっていることはできない。創造説へと飛躍していかねばならないであろう。存在と時間は創造者の絶対的活動によって、無から創造されたものであると解さねばならないであろう。（中略）しかし、被造物にとってはその存在そのものと共に時間は客観的所与である。（量、同書、一九四頁）

もし、空間・時間の起源を問うて、それに「答えてしまう」なら、量の示す方向しかないような気もするが、やはり超越論的観念論の枠内では、神による世界創造を認めることは断じてできない。こうした見地から、本書『カントの超越論的自我論』では、時間・空間の起源を問うても、超越論的観念論のいかなる道具立てをもってきても答えられない、というネガティヴな姿勢に留まろうと思う。

そして、ぐっと目線を低くして、時間・空間をふたたび「私の身体」という観点から吟味してみることにしよう。というのも、(後に見るが)前批判期において空間・時間のいわば原石であった「私の身体」は、批判期になると表面から消えてしまったように見える。しかし、じつのところ消えてはいないのであって、「超越論的感性論」の空間論・時間論のなかには、「私の身体」というパラメーターが隠されているからである。

方位と「私の身体」

コギトは「現存在の感じ」を有するが、この漠然とした未規定的な「現存在の感じ」を対象化・限定化したものが「私の身体」である。すなわち、「私の身体」とは、ある固有の「現存在」を感じる場所なのである。すでに考察したように、超越論的観念論の「うち」で超越論的統覚は、この「現存在の感じ」、すなわち「コギト・スム」において与えられているスムの現実性を(表面上)捨象して成立したものである。超越論的統覚が文字通りはじめから可能的統覚(あるいは「表象の形式」)にすぎないとすれば、それは現実的な「(人間的)私」とは何の関係もない、論理的構築物にすぎないであろう。カントは、そのようなニュートラルな論理的構築物に「超越論的統覚」という名前をつけたのではなく、「(人間的)私」がその固有の現実性を(表面上)捨象するという操作を通じてであり、しかもその限りの「私」であることが理解されるものでなければならない。この場合、きわめて重要な位置を占めるのが、身体と空間との関係である。

古典的には（とくにライプニッツ）、「物（res, Ding）」とは、矛盾律だけで成立している無矛盾概念そのものである。例えば、三辺が三センチメートル、四センチメートル、五センチメートルからなる直角三角形Tはそれ自体として物である。しかし、ユークリッド平面幾何学において、直角が右に位置するT_1と左に位置するT_2という二つの「不一致対象物」が生じる。前批判期のカントはこの区別に注目し、この区別は「客観的なものではなく、われわれの身体との関係（感じ）」によって生ずるとした。

なお、『純粋理性批判』を刊行する一三年も前（一七八八年）に、カントは「空間の方位についての第一根拠」という短い論文を書いている。それは、身体と空間との内的関係をテーマにしていて、これが批判期の「直観形式」としての空間理解の原型とも言える位置にある。

われわれはわれわれの外にあるすべてを、われわれ自身に関係して存する限りにおいてのみ、感官を通じて知るのであるから、われわれがこれらの切断面のわれわれの身体に対する関係から、空間における方位の概念を産出する最初の根拠を取ってくるのは全然不思議ではない。

（カント全集第三巻『前批判期論集2』川戸好武訳、理想社、一九七〇年、二〇五頁）

右側と左側との異なった感じが方位の判断のためにきわめて必要なので、自然はそれを同時に人体の機械的構造に結びつけておいた。（後略）（同書、二〇七頁）

当時カントは、いまだニュートンの絶対空間を承認していたが、その絶対空間の任意の原点に「私の身体」を置くとき、その身体の示す上下・左右・前後という方位が、そのまま世界の東西南北に重なり合うという主張であって、まさにここに「人間的主観（直観形式）」としての空間の萌芽がみられる。

この場合、「直観」と「感じ」との重なり合いに注目しなければならない。上下・左右・前後の方位は、概念的思考によって決めることができるものではなく、三次元の物体であるような身体を有するものが、その身体の「感じ」だけによって端的に決めることができるものである。もし、「私」が単に思考するだけの、身体を有していないものであるとすれば、「私」は方位を決めることができないであろうし、それればかりか、時間的・空間的長さも、そのうちのあらゆる物理現象も測定できないであろう。

こうして、カントにとっては物理学が成立するためには、思考の形式であるカテゴリーとは別種のものとして、「直観形式」としての空間と時間が必要であったのであり、それは人間の身体が示す方位に基づいているのである。

2　空間の方位から直観の形式へ

感じによる区別

こうした「方位の感じ（Gefühl）」が、批判期になると悟性から独立の「感性（Sinnlichkeit）」という能力として確立される。しかし批判期に至っても、左右の区別は「感じ」によるという考え方は残っている。『純粋理性批判』の刊行から七年後（一七八六年）に書いた論文「思考の方向を定める問題」より引く。

暗闇の中で、その位置を記憶しているただ一つの対象に触れることができるなら、よく知っている部屋の中では、私は方向を定める（ことができる）。しかし、この場合、明らかに主観的な区別の根拠に基づいた位置の規定能力以外には、何ものも私の助けとなっていない。というのは、その位置を見いだすべき客観（対象）を私はまったく見ていないからである。そして、もし誰かがいたずらをして、すべての対象を同じ順序に、しかし右であったものを左に変えて置いたとするなら、他の点ではすべての壁がまったく同じ部屋の中では、私は私の部屋で自分がどこにいるかわからないであろう。しかし、間もなく私は、右側と左側という私の両側の区別の感じだけによって、方向を定めるのである。

（カント全集第一二巻『批判期論集』門脇卓爾訳、理想社、一九六六年、二七〇頁）

この箇所は、異様な印象を与えるであろう。「私」の熟知している自分の部屋の「すべての対象を同じ順序に、しかし右であったものを左に変えて置いたとするなら、他の点ではすべての壁がまったく同じ部屋の中では、私は私の部屋で自分がどこにいるかわからない」ことはない、と考えるのが普通だからである。「私」は、自分の部屋における左右の諸対象がことごとく交換されていることを、すぐに察知するであろう。では、カントはなぜこのような思考実験を提起しているのか。カントは、ここで概念における区別と「感じ」による区別という二段階を考えている。ここでモデルを単純化し、部屋の（入口から見て）右側にある家具物品を手前からA、B、Cとし、左側にある家具を手前からD、E、Fとしてみよう。この場合、AとBの入れ替え、ないしBの欠如は概念によってわかるが、右側にあるA、B、Cと左側にあるD、E、Fとを全取替えした場合は、概念によってはわからないという。なぜなら、もとの右側にA、B、Cがある部屋Z_1と全取り替え後の右側にD、E、Fがあり、左側にA、B、Cがある部屋Z_2は、概念的には同一の部屋だからである。

これを考えるのには、右手と左手を考えればよい。右手と左手は、「親指の次に人差し指、その次に中指、その次に薬指、その次に小指がある」と語る限り、同一である。さらにわかりやすい例を挙げれば、「平面幾何学において三辺が三センチメートル、四センチメートル、五センチメートルの直角三角形」と語る限り、一つしかない。それを二つの合同でない三角形T_1とT_2であるとみなすのは、「空間上の左右の感じ」による区別なのである。この一見、異様な議論を続けるカント（彼は、概念上は同一の右手袋と左手とが重ならないという例を二度も挙げている）の意図を探らねばならない。

カントにとって、なぜ空間は思考の形式であるカテゴリーとは別の直観の形式であるのか、それは空間における区別は、われわれの身体を投入してはじめて成立する区別だからである。カントにとって、空間とはx・y・zという三次元を具えた透明な容器のようなもの（これがニュートンの絶対空間である）ではなく、上下、前後、左右という「私」の身体を規準にする「方位の形式」だからなのである。

よって、（第三節でも多少論じたが）空間が「直観形式」であることは、それが対象（物体）の属性、すなわち客観の形式ではなくて、主観の形式・意識の形式であるということである。一つの物体の「なか」に「私」が「私の身体」として住んでいるから、そして「そこから」諸対象（諸物体）を知覚するからこそ「私」は空間を理解できるのであって、「私」が思考するだけの存在者であれば、「私」は空間を理解できないであろう。

『純粋理性批判』のなかで「私の身体（L_1）」は顕在的には登場してこないが、少なからぬ箇所で潜在的に登場してくる。例えば、すでに触れたが、「空間論」には次のような論述がある。

空間は、外的経験から抽象された経験的な観念ではない。というのは、或る感覚が私のそとの物（すなわち、私がそこに存在している空間とは別の場所にある物）に関係させられるためには（中略）空間という表象がすでに根底になければならないからである。

（A12, B35, 強調、中島）

ここにおいても、「私がそこに存在している場所」が前提されているが、それは「私の身体」が存在している場所である。「私」は「私の身体が存在している場所」から「別の場所にある物」を知覚することによって、そこに「すでに根底になければならない」（B76）ものとして空間をとらえているのである。

可能な経験（外的経験）とパースペクティヴの消去

以上との連関で、超越論的観念論の根底をなす心的能力の二元論を前提とする悟性と感性の差異性が、「私の身体」に対する関係の差異性に基づいていることを確認しておこう。概念を使用する場合は、「身体の位置」は問題ではないが、知覚の場合は、「現存在する私」の身体の時間・空間における位置が問題になる。知覚像とは、「ある場所」からの知覚像（パースペクティヴ）だからである。

しかし、カントは（知覚こそ感性の意味を原的に与えるものであるのに）、知覚に沿った時間・

空間を飛び越して、一挙に物理学的時間・空間から「感性論」を始めている。このことによって、知覚が開くパースペクティヴが消去されてしまい、同時に感性と身体との関係が曖昧になってしまった。思考と直観との区別は、本来、対象をパースペクティヴなしに言語によって把握することと、パースペクティヴを含んで身体によって把握することとの根源的区別であるはずなのであるが、物理学的時間論・空間論に限定されたカントの「感性論」は、それが見えないかたちになってしまっている。

カントの超越論的観念論が、もともと「心のそと」からの刺激が「心のうち」に影響を及ぼし（触発し）、感覚を生じさせる、というロック的な構図のうちで動いているために、現象とはすでに「心のうち」の世界であって、しかもまさにそこに物理学が成立するわけであるから、現象世界とは、前者の二次元的知覚世界と、後者の三次元的物体世界との重なり合いとなってしまっている。

その典型例が、「量の原則（直観の公理）」と「質の原則（知覚の先取）」であって、世界はあたかもこちら側に固定された意識に対する、向こう側のスクリーンのような構造になっていて、量の原則はそのスクリーンの広がりであり、質の原則はその広がりを埋める濃度というようになっているのである。第二原則の「知覚の先取」というタイトルがこのことをよく表していて、その叙述は物体の濃度と知覚の濃度とを区別しないようなものになっている。

よって、少なくとも空間に関しては、「感性の形式」は「身体の形式」にほかならない。上下・

左右・前後の方位の区別は概念からは導かれず、概念から独立の区別であるが、このことは「私」が物体＝身体として空間の「なか」に位置しなければ理解できない。「感性の形式」とは、物体＝身体としての「私」が世界の諸物の位置を決めることによって、自分自身の位置を決める「形式」だということである。「身体」の残滓は至るところに発見できるが、とりわけ、「内的感官（der innere Sinn）」はその典型例である。カントが、しばしば「統覚」と対置する「私」として挙げるものは「内的感官」であるが、これは「私の身体」に「宿る」〈こころ〉にほかならない。

こうして、「現存在する私」は、一方で言語的理解の主体としては「統覚」であり、他方で身体的理解の主体としては〈こころ〉なのである。そして、まさに「統覚」が「内的感官」を触発するという「自己触発」によって、「統覚」と「内的感官」（ないし〈こころ〉）に分裂していた「私」は傷口を閉じて、「私」は言語的かつ身体的理解の主体、すなわち経験的統覚（われわれがごく普通に理解している「私」）として成立（復活）するのである（本書第9節「自己認識」参照）。

「図式論」における二重の「私」

『純粋理性批判』の「超越論的図式論」においては、普遍的思考による対象のとらえ方（悟性）と、固有の身体 L_1 を通しての対象のとらえ方（感性）との区別と、両者の関係とが問題となっている。（悟性の主体としての）「私」は純粋な「一」であるが、固有の身体 L_1 を有して現存在する（感性の主体としての）「私」S_1 は、そのつど固有のパースペクティヴ P_1 を介して対象をとらえている。その限り、同一の対象をP_1以外のP_2、P_3、P_4、P_5……というパースペクティヴを介してとらえうることも知っている。この場合、「私」は同一の対象のある局面（フッサールの言葉では「射映（Abschattung）」）であるA_1のみをとらえている。

そこで、皿という経験的概念は円という純粋な幾何学的概念との同種性をもっているが、それは後者の純粋な幾何学的概念において思考される円《まる》さが、前者の経験的概念において直観されるからである。ところが、純粋悟性概念は、経験的（それどころか感性的）直観と比較すれば、まったく異種的であり、だからけっしてなんらかの直観において見いだされることはできない。ところで、純粋悟性概念のもとへの経験的直観の包摂は、したがって現象へのカテゴリーの適用は、いかにして可能であるのか。（A137, B176）

G_1に適切な概念を付与することによって、この二重性は悟性と感性との二重性の問題になる。これが「図式論」の問題であるが、じつのところカントはA_1とG_1との関係という難問に踏み込んではいない。カントは、ただ図式を、①超越論的図式（感性化されたカテゴリー）、②幾何学的概念の図式、③経験的図式という三通りに分けただけであって、「この皿は円い」という判断は、①「実体・属性」という関係のカテゴリー、②「円」という幾何学図形、③「この皿」という個物、とのあいだの関係を含意している、と言っているだけである。

カントの主たる関心は、むしろ悟性（思考）の形式としてのカテゴリー（純粋悟性概念）と、感性（直観）の形式としての時間との関係という問題に限られ、よってカテゴリーの時間化（感性化）である「第三のもの（das Dritte）」としての「超越論的図式」を媒介項としてもってくる、という比較的安直な解決に留まったのである。

しかし、カテゴリーと時間との関係は、悟性と感性とをつなぐ「第三のもの」をもってくることによっては解決できない。例えば、ハイデガーは『カントと形而上学の問題』において悟性と感性との「共通の根」としての「構想力」をもち出すが、それで「図式論」の問いが一挙に解決されるわけではない。なぜなら、今度はこの共通の根である「この第一のもの」から、悟性と感性という「異種のもの」がどうして分岐したのかがわからなくなるからである。

さらにカントは、ここには心の「隠された技術（eine verborgene Kunst）」（A141, B180）が潜んでいると仄めかしているが、まさにその「隠された技術」を超越論的観念論の構図全体を視野に入れて、手堅く探っていかねばならないであろう。

じつのところ、悟性と感性という（互いに異種である）認識能力の二重性には、「私」の二重性が呼応している。超越論的統覚は、「カテゴリーの乗り物」であって、じつのところ概念的な対象のとらえ方に対応するものであり、時間・空間的な対象のとらえ方には対応しない。しかし、カントの場合、ユークリッド幾何学における空間、およびニュートン力学における時間・空間をモデルにしているゆえに、その原点の位置は任意の一点でよいことになり（すべての時間・空間的点が可能的に原点になりえるゆえに)、現実的パースペクティヴは消去される。その現実的パースペクティヴを、超越論的統覚ではないもう一つの「私」、すなわち「現存在する私」が補完する。「現存在する私」から現実的パースペクティヴをすっかり消去したとすれば、われわれは空間・時間を概念とは別のものとしては理解できないであろう。円を、「一点から等距離の点の集合」という概念以上に、作図された幾何学図形であることを理解するには、それを現に「見る」視点が必要である。幾何学の場合も、作図している者は、対象としての円から離れた視点からそれを「見ている」のであり、「考えること」によってではなく、円の作図の操作を「見ること」によって円であることを知るのである。

こうして、「図式論」には、超越論的統覚とは別の「現存在する私」が潜在的に登場してきている。しかも、それは固有の身体 L_1 をもち、よって時間・空間における特定の地点に現存在していて、「そこから」対象をそのつど固有のパースペクティヴ P_1、P_2、P_3……のもとに見ているのである。よって、「図式論」の提起する問題は、超越論的統覚と「現存在する私」との関係という問題に収斂していく。

しかし、カントは「図式論」の前半において、幾何学的図式や経験的概念の図式を掲げながらも、それらの図式に関する考察をいわば中断して、超越論的図式へと視点を集中させる。こうして、図式論の初めに問われていた悟性と感性との関係という大問題は、一挙に超越論的図式の問題へと変身していく。ここに、悟性と感性との関係は、ただカテゴリーと感性化(時間化)されたカテゴリーである超越論的図式との関係という、超越論レベルの問題に置き換えられてしまっているのである。

こうして、普遍的思考による対象のとらえ方（悟性）と固有の身体L_1を通しての対象のとらえ方（感性）という問題は、宙吊りになったまま残されている。そして、この問題に正面から取り組んだものが、超越論的統覚が「私の内的感官」を触発するという（「演繹論」における）「自己触発」の理論であり、この作用によって形成された（とくに『純粋理性批判』第二版の「観念論論駁」における）「内的経験」の理論にほかならない（これに関しては、本書の第七節以下で立ち入って考察することにしよう）。

知覚の系列と現象の系列

以上のように、『純粋理性批判』の中で「私の身体」は、（潜在的にせよ）「感性論」や「図式論」、あるいは「原則論」の第二原則である「知覚の先取」に登場してくるが、それ以外にも、「原則論」の三番目の原則である「経験の類推」における事例には注目すべきである。すなわち、そこにおいてカントは、ある運動する物体の「物としての状態の順序」と「知覚の継起の順序」とに関して、次のように言っている。

例えば、私が一艘の舟が流れを下っていくのを見るとする。私が流れの下流における舟の位置についてもつ知覚は、上流における舟の位置についての知覚に継起して生じ、この現象の把捉においては、舟がまず下流に、それから流れの上流に知覚されることはありえない。把捉における知覚の継起の順序は、したがってこの場合、限定されており、把捉はこの順序に拘束されている。

（A2192, B237）

私が、川の上流から下流に下る舟を観察するとき、「私」の知覚の順序は、対象（舟）の位置の順序（現象の順序）に拘束される。しかし、この次にカントは、家の例を挙げて比較しているが、「私」が家をさまざまな角度から見るとき、その知覚の順序は（静止している）家の順序に拘束されない。「私」が屋根から始めて土台を見ようと、土台から始めて屋根を見ようと、家自身はこの順序と無関係である。

この区別によってカントは、現象における対象自身が運動しているのか否かを区別するのであるが、その場合、少なくとも私の視点は運動しうるものでなければならないであろう。そして、「私」の視点が運動しうるとは、「私の身体」という物体が運動しうるということであり、これと舟という物体との関係が変化しうるということである。

ショーペンハウアーは学位論文『充足根拠律の四方向に分岐した根について』において、かなりの頁数を割いて、カントの問題提起の誤りを指摘している。

この二つの場合はけっして異なるものではない。両方とも出来事であり、その認識は客観的である、すなわち、その認識は実在的客観の変化についての認識である。そして、その変化が主観によってそのまま認識されているわけである。両方とも二つの客観相互の位置の変化なのだ。家の例の場合、二つの客観のうちの一方は直接の客観、詳しく言えばその一部だが、つまり目であり、もう一つは直接の客観に注解された客観、つまり家の各部である。そして、その各部に対して目の位置が連続的に変わっていく。船の場合は、船はその位置を流れに対して変える。したがってこの場合は、直接の客観に仲介されている二つの客観の間に変化が存在している。どちらの例とも出来事なのだ。異なる点と言えば、前者では直接の客観とそれに仲介されている客観の間に変化が在るのに対し、後者では二つの仲介された客観の間に変化があるということだけである。

（鎌田康男・高橋陽一郎・斎藤智志・臼木悦生著『ショーペンハウアー哲学の再構築――『充足根拠律の四方向に分岐した根について』（第一版）訳解、法政大学出版局、二〇〇〇年、四四―四五頁）

ショーペンハウアーは、「私」が家を見ている場合は、「その各部に対して目の位置が連続的に変わっていく」のであり、船を見ている場合は、「船はその位置を流れに対して変える」のであって、ともに出来事であることに変わりはないと批判している。出来事とは因果関係に従っているのであって、家を見ている場合も船を見ている場合も、Aの部分に目を向ければAが見え、B

部分に目を向ければBが見える。この場合、視線の動きは物理学的運動であるから、両者の場合ともにA→Bは因果関係であることになる。

しかし、ショーペンハウアーが見過ごしていることは、それにもかかわらず、家の場合、AとBは物理学的状態として前後関係にあるのではなく、同時だということをいかに示すかである。カントは、家の場合は、A→Bという順序で知覚することもできるとしたが、むしろこれは同時性の必要条件であって十分条件ではない。すなわち、AとBが同時存在であれば、A→BとB→Aという反対の順序の知覚を可能にするが、反対の順序の知覚が可能だからといって、AとBが同時存在であるわけではない（舟がゆっくり進む場合、A→BとB→Aという反対の順序の知覚は可能である）。AとBの同時存在は、むしろ物体の状態どうしの「相互作用の原則」によって保証される。

さらに吟味すれば、ここでカントは、あたかも物体（家や船）が運動しているか静止しているかの絶対的判別法を論じているようであるが、そうではない。家も地球（大地）に関して静止しているだけであって、地球の「そと」の視点からは、家は地球の運動（自転、公転）とともに運動していると言えるであろうし、太陽も宇宙において絶対的に静止しているとは言えない。古典力学に限ると、運動と静止の判定は、座標系に依存するのであって、座標系のとり方によってさまざまでありうる。とはいえ、このことはここでの問題ではない。

ここでカントが提起しているのは、私は「私の身体（物体）」をもたなければ、「そこから」物体の運動を観察する視点をもちえず、運動と静止との区別をすることができないということである。

しかも「私の身体」が（その部分も全部含めて）永遠に静止（固定）しているなら、「私」は運動をそれとしてとらえることができないであろう。運動するものを知覚するためには、眼球が対象の運動を追ってそれ自身、運動を測定しうるのでなければならないし、鼓膜が音をとらえることができるためには、それ自身が運動（振動）するものでなければならない。手が運動するものをとらえることができるためには、手それ自身が運動するものを感知するだけの微細な表層の変化をしているのでなければならない。

よって、カントの挙げる家と船の例は、観察の主体が超越論的統覚であるかぎりの「私」であるとすると、理解できない。ここには「私の現存在」が、さらにはそれを対象化した「私の身体（L1）」が潜在的に登場してきている。この箇所を理解しうるのは、超越論的統覚に「私の現存在」を復帰させ、それが「私の身体（L1）」を有するものとみなすかぎりにおいてである。

こうして、超越論的観念論における自我概念はいつも二重になっている。それは表面上、超越論的統覚に一極化されているように見えるが、じつはそうではなく、固有の身体をもち、「空間・時間のうち」に現在し、常にある場所（ここ）から世界を観察し、固有の内的経験をもつ、「私」（経験的統覚）が消えることはない。といってこの問題を、超越論的統覚と経験的統覚との関係というふうに主題化すると見えなくなってしまうであろう。むしろここでは、超越論的統覚かつ経験的統覚「である」ような「私」のあり方が問題なのである（この問題の吟味は、第九節まで持ち越すことにする）。

3　〈こころ〉の場所

〈こころ〉は、「私の身体」の場所には存在しない

次に、「私の身体」との関連において、〈こころ（Seele）〉の場所についてのカントの考察に眼を向けることにしよう。カントは「誤謬推理」において、〈こころ〉が実体であることを拒否した（認識不可能とした）が、〈こころ〉という用語は批判期に至るまで存続していて、それは実体ではなく、私S_1が生きているかぎり、「私の身体」の「うち」に見いだすことのできる内的経験の対象である。そして、カントは前批判期・批判期を通じて、いわゆるデカルト的心身問題にはコミットしない方針を貫いたが、興味深いことに、〈こころ〉の場所という問題には、素朴な関心を示している。次は『視霊者の夢』（一七六六年）より。

> 物体界におけるこの人間の〈こころ〉の場所はどこであろうか。私は次のように答えるであろう。その変化が私の変化であるような身体（＝物体）、この身体は私の身体であり、その身体の場所が同時に私の場所であると。〔では〕この身体の中のきみの場所はいったいどこで

あるか、とさらに問うなら、私はこの問いの中にうさんくさいものを推測するであろう。なぜなら、次のことに容易に気づくからである。それは、この問いの中には経験によっては知られず、もしかしたら空想された推論に基づくかもしれないものが、すなわち、私の考える自我が私の自己に属する身体の他の場所から区別される一つの場所にあることがすでに前提されているということである。だが、誰も自分の身体の中の一つの特別な場所を直接的に意識はせず、彼が人間として周りの世界に関して占めている場所を意識している。よって、私は通常の経験をとらえてさしあたり言うであろう。私が感覚するところに私はあると。

（カント全集第三巻『前批判期論集2』川戸好武訳、理想社、一九六五年、三二四頁）

これは、常識的な見解と言えるであろう。〈こころ〉の場所は、「私の身体」以外のどこでもないのではあるが、さらにそれを特定することを避けるのである。この態度は、デカルトが〈こころ〉の場所を松果腺に求めたことに対する批判でもあろう。そして、はるか三〇年後に刊行した小論「〈こころ〉の器官について」（一七九六年）においてカントは、同じ問いを提起しながら、「〈こころ〉の場所」に対しては消去的態度をとっている。

（前略）〈こころ〉は自己自身に対していかなる場所を規定することもできない。なぜなら、そのためには心は自己を自己自身の外的直観の対象にしなければならず、自己を自己自身の外に移さなければならないであろうが、これは自己矛盾だからである。

（カント全集第一二巻『批判期論集』門脇卓爾訳、理想社、一九六六年、三五頁）

このことが示しているのは、〈こころ〉を身体の特定の場所（例えば、大脳）に規定すると「自己矛盾」であるゆえに、〈こころ〉が場所をもたないということである。しかし、〈こころ〉は概念や理念あるいは錯覚や幻覚ではないのだから、その〈こころ〉の存在論的身分が問題になるであろう。まず、〈こころ〉は実在的なものではない。カントは「誤謬推理」によって〈こころ〉が実体ではないことを示したが、それは、現象を超えた超越的実体＝物自体ではなく、さらに、時間・空間において一定の位置を占め、さまざまな自然の保存則に従う現象的実体〈物体〉でもない。

たしかに、カントは「思考するものとしての自我は内的感官の対象であって魂（こころ）と呼ばれる。外的感官の対象である物は物体（Körper）と呼ばれる」（A342, B400）と言っているが、このことからは〈こころ〉が実在的であることは導けない。こうして、〈こころ〉は実在的ではないが、「私の身体」のうちに感じられる無でも幻想でもない、何かなのである。それは、内的経験そのものであって、実在的な外的経験によって間接的に与えられるものである。

純粋に知性的な「私」

『純粋理性批判』第二版の「演繹論」には、次の注目すべき箇所がある。

なぜなら、注意すべきは、私が「私は思考する」という命題を一つの経験的命題と名づけた場合、このことによって、私は、この命題における「私」が経験的表象であると言いたいのではなく、むしろこの「私」という表象は思考一般に属するがゆえに、純粋に知性的(intellektuell)であると言いたい。しかし、思考に対する素材を与える何らかの経験的表象なしには、「私は思考する」という作用は生じないであろう。だから経験的なものは純粋知性的な能力の適用、あるいは使用のための条件でしかない。(B422)

「経験的命題」である「私は思考する(cogito = Ich denke)」は、カントによれば、本来、「私は現存在しつつ思考する(Ich denke, existierend)」という意味であり、これは、「純粋に知性的な(intellektuell)」「私」と、その「適用あるいは使用のための条件」とからなっている。カントは一方で、「『私』という表象は思考一般に属するがゆえに、純粋に知性的である」という論点を崩さない。しかし他方で、思考に対する素材を与える何らかの経験的表象なしには、「私は思考する」という作用は生じない」こともしっかり押さえている。「経験的なものは純粋知性的な能力の適用、あるいは使用のための条件でしかない」のではあるが、その「純粋に知性的な私」

が作用するためには、「経験的なもの」すなわち「物質的なもの」が必要なのである。それは、「私の身体」と言いかえてよいであろう。コギトは「私の身体」の「うち」にしか宿ることはできない。

カントは、「コギト・エルゴ・スム」から（表面上）現実性を捨象した「純粋に知性的な私」を認めるのではあるが、それは「経験的なもの（物資的なもの）」から独立には存在しえない（ゆえに実体ではない）。これは純粋統覚が純粋に知性的ではあるが、身体から独立には存在しないことと同義である。〈こころ〉の存在は、固有の「身体」を必要条件とするのであるが、両者の関係はわからない。あくまでも、この地点にカントは留まる。

この関係をあらためて問い、それに答えようとすれば、われわれは超越論的観念論の枠を超え出ざるをえないであろう。「私が現存在する」というあり方は、物体＝身体が現存在するというあり方とは異なる。しかし、だからといって、「私」が身体から独立に現存在することは導けない。「私」がこの独特の身体に「宿る」ことは必然的ではなく、よって両者のあいだに因果関係、ないし他の固有の関係を確認することはできない。だが、「（人間的）私」はこの身体を必要とするのである。

第六節　主観の状態

1　知覚判断と経験判断

意識の主観的統一

前節で確認したように、前批判期には前面に出ていた「身体」が、批判期において「直観の形式」に変身したのであるが、その「形式」は物理学的（ニュートン的）時間・空間をモデルにしたものであったので、そこからは「身体」が世界に対するときに登場するパースペクティヴが全面的に消えてしまった。正確に言い直せば、「カテゴリーの乗り物」である超越論的統覚を析出するときに（表面上）捨象された「私の現存在」とともに、身体的パースペクティヴは消えてしまい、しかもそれは実在的・客観的世界から切り落とされるとともに、「主観の状態」として超越論的観念論のうちで生き続ける。このことは、カントが「統覚の超越論的統一」とは別に、「意識の主観的統一」をはっきり認めているところに現れている。

統覚の超越論的統一とは、直観において与えられるあらゆる多様を、客観の概念として結合する統一である。この統一はそれゆえ客観的と称され、意識の主観的統一とは区別されなければならない。意識の主観的統一は内部感官の規定であって、これによってかかる結合に対し、直観のかの多様が経験的に与えられるのである。（B139）

では、具体的に両者はどのように区別されるのか。

連想律にしたがって私の言いうることは、単に「私が物体をもった場合、重さと圧力を感ずる」ということだけであって、「物体は重くある」ということではない。「物体は重くある」ということは、物体と重さというこれら二つの表象が、対象において、すなわち主観の状態の相違に関係なしに、結合しており、単に知覚において共存するのではないことを言おうとするにほかならないのである。（B140）

両者の区別を見直してみると、「この物体は重さをもつ」という判断において、主語（この物体）と述語（重さをもつ）とのあいだに、「主観の状態」が介在するか否かの区別のあることがわかる。そして、「主観の状態」とは、客観的な諸物体の状態間の関係には解消されない、（そこからこぼれ落ちる）「私の〈こころ〉の状態」である。「統覚の超越論的統一」ないし「客観的統一」には、

「物体と重さというこれらの両表象が、客観において、言いかえれば、主観の状態の区別なしに結合している」のであるが、「意識の主観的統一」には、この両表象が「主観の状態を含んで結合している」のである。とはいえ、こうした「主観の状態」は超越論的観念論の「どこ」に位置づけられるのであろうか。

この問いに答えるには、『プロレゴメナ』(一七八三年)に登場してくる、「知覚判断(Wahrnehmungsurteil)」を考究することが必要である。カントは「綜合の道」に従って、『純粋理性批判』を書き上げた後に、「分析の道」に従って、経験的真理の根拠の問題を探ろうとした。それが試みられたのは、『純粋理性批判』の第一版と第二版とのあいだに刊行された『プロレゴメナ』においてである。そこでカントは、客観的認識レベルの判断を「経験判断」と呼び、それに達しないが夢幻ではない判断を「知覚判断」と呼んで区別している。カントによれば、前者は、カテゴリーが適用される判断であり、後者はカテゴリーが適用されない判断である。*

*これに関して、G・プラウスは、「知覚判断」において適用されないのはカテゴリー一般ではなく、関係のカテゴリーだけだと主張し(邦訳『認識論の根本問題——カントにおける現象概念の研究』観山雪陽・訓覇曄雄訳、晃洋書房、一九七九年)、かつて私もこの見解に従っていた(中島義道『カントの時間論』講談社学術文庫、二〇一六年)。というのは、知覚においても、延長(外延量)や度量(内包量)にはカテゴリーが適用されているとみなせるからである。しかし、あらためて考えてみると、視覚のみならず、聴覚、触覚、味覚、嗅覚においても、そこにカテゴリーとしての量や質が、そのまま適用されているとは言えない。なぜなら、カテゴリーにおける量や質は数学的・物理学的対象を規定するような客観的量や質なのであっ

て、固有の身体を有する「私」の知覚野に現象するものは、それぞれ特有のパースペクティヴを有し、その限りでそれらは直ちには客観的量や質とは言えないからである。

「私」が〈いま・ここ〉で見ている三角形は、近くの部分は大きく見え、遠くの部分は小さく見える。質の場合も同様であって、机の表面を叩いた音の強度や音質は、「私の身体」の位置によって変化する。ただしその場合、「他の私」の知覚内容との差異を引き合いに出すのはやめることにしよう。そもそも、「私」は両者の知覚内容が互いに同一か、それとも異なっているかを語ることができる視点をもってはいないからである。

見かけの大きさ

視覚に限ってみると、対象の客観的大きさと見かけの大きさとに関して、かつて哲学者たちは真剣な議論を繰り返してきた。デカルトは、「私」が〈いま・ここ〉でみている小さな太陽を、真の大きさと判断する限り、「誤謬」とみなした。

例えば、私のうちには二つの異なった太陽の観念がある。その一つはいわば感覚から汲み取られたもので、とりわけ外来的と見なしている観念のうちに数えられるべきである。それによれば、太陽はきわめて小さいものとして私に現れている。（中略）以上のすべては、次のことを十分に証明している。すなわちこれまで私は、私とは異なる事物が存在し、それが私の感覚器官を通して、あるいは何であれ他の仕方によって、それ自身の観念あるいは像を私に送り込むと信じてきたが、それは確実な判断によるのではなく、ただある盲目的な衝動によるにすぎない、ということを証明している。

（デカルト『省察』山田弘明訳、ちくま学芸文庫、二〇〇六年、五頁）

現代の常識（?）からは、この議論全体が不思議な前提に立っているように思われるであろう。太陽の「大きさ」が地球よりはるかに大きくても、それからの距離が大きければ「小さくみえる」ことはあたりまえである。すなわち、太陽から「私」（観察者）の眼までの距離を正確に測定すれば、それぞれの地点での太陽の「見かけの大きさ」の原因を明らかにすることができるゆえに、虚偽でもなく、「盲目的な衝動」でもない、というのが現代の常識的見解であろう。スピノザは、この方向に一歩を踏み出している。

太陽を見るときわれわれは、太陽がわれわれから二〇〇フィート離れたところにあると想像する。この誤りはこの想像そのものの中にはなく、むしろわれわれがこのように太陽を想像するさい、その真の距離とその原因を知らないからである。なぜなら、後に太陽が地球の直径の六〇〇倍以上もわれわれから離れていると認識しても、われわれは太陽を近くにあるものとして、想像するであろう。

（スピノザ『エチカ』第二部、定理三五注解、工藤喜作・斎藤博訳、世界の名著二五、中央公論新社、一九七八年、一六二頁）

スピノザは、たとえ「私」が太陽までの「真の距離」を認識しても、太陽が〈いま・ここ〉から「二〇〇フィート離れたところ」にあるように「見える」ことに変わりはないことを強調する。それを「想像」と呼ぶのであれば、すべての知覚は想像となる。

カントの知覚判断もまた、こうした考えの枠内に位置するように思われる。「二〇〇フィート離れたところにあると想像する」太陽の知覚像は、「誤謬」でも「想像」でもないが、客観的妥当性はもたず、主観的妥当性しかもたないのだ。だが、これですべてが解決されたわけではない。〈いま・ここ〉で「私」に「現にみえている」小さな太陽の映像は「無」ではない。とはいえ、それらは「私」の身体（大脳？）の「中」に保存されているのでもないし、一つの客観的時間・空間と並んで「私」固有の主観的空間が「私」の「うち」に存しているわけでもない。主観の状態も主観的統一も知覚判断の対象も、「無」ではない。とすると、これらはどのように存在しているのであろうか。カントは下降法によって『純粋理性批判』を書きあげた後に、上向法によって『プロレゴメナ』を書き、知覚判断から経験判断への「上向法」を目指した。こうした構図のうちに「知覚判断」が登場してくる。だがカントは、これが「主観の状態」に依存する判断であることを確認しただけであって、その存在論的意味を探究しえなかったのである。

知覚判断から経験判断へ

以上を踏まえて「知覚判断」とは何かを探ってみると、カントが例として挙げているものは広範にわたっていて、「ニガヨモギは苦い」や「空気は弾力性がある」という例から推測するに、直接の知覚（とくに、触覚、味覚、嗅覚）を語る判断がまず含まれる。これらの判断は、カテゴリーが直接に適用される「経験判断」とは異なり、カテゴリーが直接適用されず、そこに「主観の状態」が介在する判断である。「弾力性（という感じ）」や「苦さ」は物理学的対象ではない。この区別は、『プロレゴメナ』における次の有名な区別と同じである。

「石が太陽に照らされると石はいつも熱くなる」と言えば、この経験的判断は偶然的判断である。しかしこのように「石は熱くなる」という結果が、太陽の照射によって必然的に生じたものであれば、かかる結果は確かに経験判断に〔原因の概念によって〕含まれて知るが、しかし私はこのことを経験によって知るのではない。むしろ逆で、原因と言う悟性概念を知覚にまず付け加えることによって、経験が初めて産出されるのである。

（カント『プロレゴメナ』篠田英雄訳、岩波文庫、一九七七年、一一三頁）

前者の知覚判断には、太陽からの光線の運動に加えて、「私」が石に触れることによる、「触れる」や「暖かさ」を感じるという「主観の状態」が介入している。しかし、後者の経験判断は太陽の光線が石の表面温度を上昇させる、という物理学的事態を表現しているだけであって、「主観の状態」は介在していないのである。

なお、想起における判断は過去の知覚に基づくゆえに、（語の響きは異なるが）知覚判断に含めていいであろう。しかし、夢や幻覚における判断は知覚に基づかないゆえに、知覚判断に含めることはできないであろう。

2　ドイテンとエアドイテン

プラウスの解釈

ゲロルト・プラウスは、あえて超越論的観念論の枠内に知覚判断を押し込めようとしたが、はたして成功しているであろうか（G・プラウス『カント認識論の再構築』中島義道・円谷裕二・渋谷治美訳、晃洋書房、一九九一年）。プラウスによる「知覚判断」の処理法は、「現象」という概念を二分化し、「客観的現象」と「主観的現象」とに分けたうえで、むしろ経験判断が直接的であり、その欠如態として間接的に知覚判断が与えられる、とするものである。これを彼は、対象に達する把握の仕方を表す「エアドイテン（erdeuten）」と、対象に達しない把握の仕方を表す「ドイテン

（deuten）」という用語を使って切り出している。超越論的観念論においては、統覚は直接的に、「客観的現象」の構成に向かうのであり、間接的にその欠如態として「主観的現象」が生ずるのだ。

この見解は示唆的である。というのも、本来の（現象的）実在性を有するのは「客観的現象」のみであり、これが対象に達している経験判断に呼応しているのであって、「主観的現象」はこれを通して間接的に知覚判断を通じて与えられるにすぎないからである。しかし、知覚判断によって与えられる「主観的現象」であっても、それは「無」ではなく、夢幻でもないのであるから、それに「客観的現象」と並ぶ実在性は付与しえないし、第二の実在性すら付与できないのだが、とすると「主観的現象」はどのように「ある」のか。

ここで、この問いを一時保留して、「主観的現象」の射程を見定めねばならない。先に見たように、カントは知覚判断の事例として、「苦い」とか「弾力性」、あるいは「熱い」という概念に呼応するような「私」の直接的体験に帰着する体感的な現象を挙げているが、これはさらに拡大できる。というのも、私が眼前の深紅のバラの花をみているときでも、厳密な意味で客観に属するのは「バラ」と名づけた対象（物体）のみであり、それ以外の、〈いま・ここ〉からの独特のパースペクティヴを含む知覚風景は、経験判断には属さないからである。この風景を経験判断に取り入れるためには、一つの（客観的）時間・空間におけるバラという物体の位置と私の身体（さらにはその内部）の位置とを確定したうえで、それらのあいだの関係を電磁波や神経系の運動や脳の状態変化として記述するほかないであろう。そして、これらを完全に記述できたとしても、これらの集合は「私」が見ている光景ではない。このことが容認されれば、想起もまた、明らかにこうした知覚風景を想起するのであるから、その総体は客観的現象から排除される。こうして、じつのところ客観的現象に属するのは物体とその物理的作用のみなのであって、主観的現象はことごとくそこから排除されるのであり、これに呼応して経験判断に属する判断は物体とその作用に関するもののみであって、それ以外の豊かな判断は知覚判断に属するのだ。

知覚像のあり方

プラウスは、経験判断と知覚判断との違いは、「～である」と「～に見える」という判断の違いに呼応する、という。昇り始めの月は、高く天空にあるときよりも「大きく見える」のであり、遠くの光景は「小さく見える」のであって、一般にある光景（ないし対象）は「ここからは、こう見える」のである。しかし、この図式を認めたとしても、知覚像（見かけの大きさ）はカントの超越論的観念論のうちでいかなる存在論的位置を占めるのかと問うと、依然として五里霧中である。「知覚像」が、物体とその連関からなる外的経験の「うち」にみいだせないことは明らかであるが、そうとしても「主観の状態」である、「私の〈こころ〉」の「うち」にみいだせるわけではないであろう。こうして、カントは「上向法」を解明しようとし、『プロレゴメナ』においては知覚判断の探究に進んでいったが、それを超越論的観念論の中に整合的に位置づけることはできなかったように思われる。カントははじめから、「ア・プリオリな綜合的判断はいかにして可能か」と問うたのであって、「経験的判断はいかにして可能か」と問うたのではなかった。そして、こう問い進めるなら、超越論的観念論にその答えを期待することはできないであろう。あらゆる真である経験的判断の根拠は、超越論的統覚の「うち」にもなく、思考の形式としてのカテゴリーの「うち」にもなく、もちろん直観の形式としての時間・空間の「うち」にもない。といって、物自体の「うち」にみいだされるわけでもないのである。

プラウスのような解釈をとらなくとも、たしかに「現象」という概念は二義的であり、それを示す最も明確なものが、物体的経験（現象1）と知覚的経験（現象2）との区別であって、両者が融合しないことは事実である。一つの可能な経験は、物体の運動する客観的（ニュートン的）世界であって、これに一つの超越論的統覚が対している。そして、その諸物体の運動からなる客観的世界が、固有の身体L_1の感官を通して、「この現存在する私」へと現象するのだ。この区別は知覚の場面ですでに成立している。眼前の家H_1は複雑な物体であって、細部に至るまでニュートン物理学の法則に従っている。さらにそれが、「ここから」見えるということは、電磁波が瞳孔に入り、そこからこの身体内の伝達経路を辿って大脳の視覚中枢に至るのであるが、この経路もすべてニュートン物理学の法則に従い、その意味で外的経験（現象1）に属する。

しかし、〈いま・ここ〉で見えているH_1の「知覚内容（フッサールのタームを使えば、斜射〔Abschattung〕）」は外的経験に属するのではない。といって超越論的統覚に属するのでもなく、「現存在する私」に「内的経験」として属するのである。しかも、この知覚内容、あるいは知覚像W_1それ自身は実在的ではなく、因果律や質料保存則をはじめ、いかなる自然法則にも支配されない。とはいえ、それは幻覚でも夢でもなく、まさに〈いま・ここ〉にありありと見え、聞こえている。「私」が眼前の家H_1を見る場合、その対象H_1は客観的空間に位置づけられる特定の物体であり、その持続も客観的時間に位置づけられる。しかし、これと異なり、「私がH_1を見ていること」を表象V_1と呼ぶと、V_1は家H_1に張りついているわけでもなく、私の脳B_1のなかに見出されるわけでもなく、H_1とB_1の途中（空気中）に舞っているわけでもなく、空間的場所をもってもいない。もちろん、H_1の表面を反射した光（電磁波E_1）は空中を伝播してB_1に達したのであり、B_1内部でも複雑な過程が生じているのであって、これらすべては空間中に位置づけられる。しかし、V_1そのものはどこにも位置づけられない。しかも、「私」が〈いま〉H_1を見ていることは確かなのであり、〈いま〉とは特定の測定できる時間であるから、客観的時間に位置づけられるのだ。

想起像のあり方

こうした知覚の構造は、想起においてもそのまま維持される。昨日、見たH_1は細部まで物理法則に従う物体であったが、その知覚像W_1はいかなる意味でもそうではない。しかし、想起の場合は、外的経験は過去のある時間t_1に生じた現象1であるが、「私」は〈いま〉それを想起しているのであって、H_1は知覚像W_1から想起象E_1にいわば変身して、〈いま〉私に現象しているのである（現象2）。しかし、過去のある時点に位置するH_1が〈いま〉「私」に現象することが、すでに謎になる。E_1はt_1（過去）から〈いま〉へと、いかにして運動ないし移行してくることができるのであろうか。この単純な問いを発するだけでも、E_1の存在論的身分がいかなる意味でもレアル（外的物体としてのH_1とは別のレアル）ではないことがわかる。E_1は、〈いま〉「私が」想起するかぎりで「私」に現象してくるのであって、t_1の時点でH_1に想起像E_1として「付着して」いるわけではない。それは、〈いま〉「私」が想起するたびごとに、H_1を「見た」という経験として端的に「私」が確認することができるだけである。

厳密にいえば、このことにさらに「私」がt_1においてH_1を「知覚した」ことが、矛盾なく他の証拠と照らし合わせて想定できるという条件が加わっている。こうして「内的経験」は、それ自体として（現象的）実在性をもつのではなく、「外的経験」の実在性に支えられてはじめて実在性を得る。「私」はかつて知覚したこと、感じたこと、思考したこと、意志したこと……すなわち、かつて経験したことしか想起できず、しかもそれら経験の対象は、外的経験において（「私の身体」を含み）一定の場所、一定の時間に「現にあった」ことに限られる。私が生まれる前の何十億年という天文学的に長い客観的時間と、そこにおいて「現にあった」膨大な事象も、私が生きてきた微小な時間と、そこにおける微小な自分固有の体験とを想起することを起点にして、しかも前者は後者の「うちに」整合的に位置づけられることによって、はじめて客観的実在性を獲得する。

内的経験のこうしたあり方は、「原則論」の第四原則「経験的思惟一般の要請」における「様相」のあり方と通じ合うものがある。のちに（本書第一〇節で）考察するが、様相は、客観のあり方に関するのではなく、主観と客観との関係の原則にすぎない。

様相の主観性を考えるのに最もわかりやすい事例としては、現在の出来事と未来ないし過去の出来事との相違がある。カントによれば、まさにニュートン力学そのもののように、世界の客観的あり方はそれが〈いま〉実現されているか否かには依存しない。t_2において実現する出来事E_2（地球へのある小惑星の衝突）は、すでにその前の時間t_1においても、その後のt_3においても、すなわちt_1、t_2、t_3という時間順序にかかわらず、同じように実在的なのであって、E_2がt_2において現実的であることは、E_2の実在性にはかかわらない。その差異は、同じ実在性のなかの現実性の存否という様相の差異なのであり、それは観察者の位置による差異である。

あるいは、以上のことは空間の場合も同じように妥当する。ニュートン力学における空間を表す三次座標系の原点は、一定に決定していないのであって、どの点を原点にとっても、物理的法則は変わらない。これを言いかえれば、（物理学的）物体の実在性は観察者の位置に依存しない。そして、この自然な結果として、各物体の見え姿は「可能な経験（客観的世界）」から離脱していくのである。

客観的物体としての富士山は、静岡県と山梨県とにまたがって実在する。しかし、そのさまざまなパースペクティヴにおける見え姿（像）は、同じように実在的ではない。それは、いわば主観的なものであるが、「統覚＝自己意識の『うち』」にあるのではない。統覚は、ただの「形式」（志向性）であって、その「うち」を有することはない。

こうして、「私の現存在」を（表面上）捨象した超越論的観念論において、あらゆる対象の見え姿（像）の存在論的身分が不明になるのだ。超越論的観念論は、知覚像や想起像の手前で足を止める。そして、それにせいぜい客観的実在性にはかかわらない「様相」という衣をまとわせて、主観的原則という位置を与えるだけである。言いかえれば、様相の原則は、超越論的観念論において（表面上）捨象された「私の現存在」が取り戻されている箇所なのである。そしてこのことは、まさにその現実性の原則に『純粋理性批判』第二版で挿入された「観念論論駁」において、内的経験の存在論的身分がはじめて論じられていることとも符合する。

3　夢

ベックのＬ－経験とＫ－経験

以上、知覚判断を想起にまで拡大して解釈したが、「夢」は知覚判断とさえ言えないように思われる。だが「無」ではない。ここでＬ・Ｗ・ベックの「ケーニヒスベルクの哲学者は夢を見なかったのか」という辛辣なタイトルの論文（広川徹訳『理想』五六四号）を取り上げてみよう。

彼は『純粋理性批判』第二版「緒論」における、「我々の認識がすべて経験とともに始まるということについては、いささかの疑いも存しない。なぜなら、我々の認識能力はどのようにして……感覚的印象という生の素材に手を加えて、経験と呼ばれるような対象の認識にするのだろうか」（B1）という文章を分析し、「経験」は第一に、「心の概念的解釈作用を伴わない『感覚的印象』という生の素材、把捉における多様なもの、ロック流の観念」（同「ケーニヒスベルクの哲学者は夢を見なかったのか」三二頁）を意味し（ベックはこれをL－経験と呼ぶ）、第二に「対象の認識」（同）を意味する（ベックはこれをK－経験と呼ぶ）と解する。すなわち、K－経験とは経験認識のことであり、L－経験とはそれ以前の心的状態である。

つまり、カントがここで言っているのは、L－経験はK－経験が可能な場合にのみ可能であるが、しかしK－経験に繰り込めないL－経験（夢や生まの感覚与件のような）もある、ということである。（同論文、三六頁）

（前略）夢を見たということは、夢の中の怪物とは違って「経験的思惟の第二の要請」に従い、現実存在の徴表を十分に充たしているのである。（同論文、四〇頁）

ベックの言いたいことは、夢の中の現象はL－経験であるが、その現象を目覚めてのちに「夢として」客観的時間のうちに秩序づけたときの経験はK－経験だということであろう。夢は覚醒後に、客観的に妥当する世界の「なか」に入りきれないもの、カントによれば因果律というカテゴリーの支配に収まりきれないものとして、客観的世界から排除される。しかし、まさに排除されるものとして、「現実存在の徴表を十分に充たしている」のである。

しかし、これに関連してベックは、カテゴリーの「縛りの弱さ」を指摘している。それは、通常解釈されるように、ニュートン的世界のような真なる経験のみから成り立っている確固とした世界を保証するものではない。

つまりカントのカテゴリーとは、真なる経験を真ならざる経験から区別するものではなく、混沌を混沌と知ることすらなく、黙ってそれと向き合っていること――「夢にさえ及ばないこと」――と、たとえ間違っていても、脈絡のある話を物語ることとの区別をなすものなのである。

（同論文、四〇頁）

ベックによれば、カテゴリーに適っている限りの経験とは、「ある現象E_2にはそれに先行する何かからの現象E_1がある」ということ（なんらかの因果関係）だけなのである。E_1とE_2との関係、すなわち真なる自然法則からなる「真なる経験」を保証するのは、もっぱら観察（知覚）なのであり、「混沌を混沌と（夢を夢と）知っていれば」、すでにそれだけでカテゴリーに適っているのである。ちなみに、G・プラウスも次のようにいっている。

カントの経験の理論を理解するためにきわめて重要なことは、彼が経験的判断の客観t系妥当性という言葉で意味しているのは、実際その客観的真理区別だけであって、客観的＝経験的真などではないということを忘れないことである。（プラウス、『認識論の根本問題——カントにおける現象概念の研究』観山雪陽・訓覇曄雄訳、九六頁）

その際〔カテゴリーを経験に適用する際〕、いかなる場合にも目標とされていること、つまり経験的認識の「経験的真理」が、実際に達成されるかされないかは、もはやカテゴリーの決めることではない。（同、九七頁）

「真理区別（Wahrheitsdifferenz）」とはわかりにくい表現であるが、真偽が決まるということ、すなわちカテゴリーが経験に適用されると、客観的妥当性の領域が開かれるが、それは真偽が決定される領域が開かれることであって、それぞれの「客観的＝経験的真」の判定は具体的経験（知覚）によるしかないのである。なお、カテゴリーと時間・空間は、なるほど経験を一般に可能にする条件であり、いかなる経験もこの条件のもとになければならないのだが、といって、すでに確認したように、これらの諸条件が具体的に個々の経験法則を決定するわけではなく、多様な経験的判断の真偽を決定するわけでもない。

特殊的な諸法則は、経験的に規定された諸現象にかかわるゆえ、たとえそれらの諸法則はすべてことごとくカテゴリーに従っているにせよ、カテゴリーから完璧に導出されることはできない。

（ベック、同論文、三二一―三二二頁）

超越論的観念論は、この世界の多様な具体的・経験的真理の根拠を与えることはできない。これらを削ぎ落として、ただ「私」がカテゴリー・時間・空間という現象世界の基本条件を有する限りにおいて、この基本条件を世界との関係において語りうるだけである。では、経験的判断の真偽は何に基づくのか。ひとえに経験そのもの（知覚）に基づくのであり、究極的には物質、さらには物自体からの触発に基づくのである。

こうして、ベックはタイトル（「ケーニヒスベルクの哲学者は夢を見なかったのか」）に反して、「特殊的な経験的判断」一般の問題として議論を終結させているが、やはり「夢」には特殊な考察が必要となる。ある現象が夢として意味づけられるのは、覚醒したとき、すなわち超越論的統覚が、再認によって「一つの経験」を綜合的に統一しているときである。

よって、夢といえども「いつか」体験したのであり、その体験は客観的時間中に位置づけられ、その限り「一つの経験」のうちにあるといえる。しかし、これで完全に片づけられる問題ではない。さらに、夢の「内容」が問題になる。それらは無ではないのであるから、誰かが体験したのである。「それは誰であろうか」と問うとき、われわれは難問に直面する。

夢においても「私」が何らかの綜合をしているからこそ、そこには無ではない「何か」が現出しているのだ。そして、じつは知覚の場合でも、「私」は〈いま・ここ〉から独特のパースペクティヴP_1のもとに対象G_1を知覚しているが（G_1と「私」の脳状態、およびそれをつなぐ特定の電磁波は客観的世界に属するが）、知覚されている光景V_1そのものは客観的世界に属するのではない。とはいえ、このことから直ちに、それらは人間の数だけの「私」に「属する」とはいえないであろう。「私」は固有の身体の皮膚を出て、それらと自分とを比較する視点をもちえないからである。

「（人間的）私」は、客観的な対象構成にのみかかわるのではなく、「私」は夢も見るし、見誤りもするし、錯覚することもある。しかも、こうした非実在的表象は「無」ではなく、客観的対象と同様に現象している。超越論的観念論の枠の「うち」では、これらの現象は実在的・客観的ではない表象として否定的に意味づけられるにすぎない。超越論的統覚の張りめぐらす客観的対象世界から脱落していく。こうした非実在的対象といえども、無ではないのであるから、いかなる存在論的身分にあるのかと問うことは無意味ではないであろう。ただ純粋統覚が伴いうるだけの非実在的現象は、それだけでは現象としても存在しえない。純粋統覚は、あらゆる私の表象に「伴いえる」のであるから、知覚や想起のみならず夢にも幻にも「伴いえる」。しかしこの場合、純粋統覚は、一方で、超越論的統覚が綜合的に統一する現象とは別の現象（夢の内容）を開くが、他方、超越論的統覚に依存するのである。夢は見るという体験（A）なしには、目覚めたときに「夢を見た」といえない（B）が、夢を見るという体験（A）があっても、目覚めてから「夢を見た」といえなければ、（B）が夢を見たことにはならない。

こうして、あるものが実在的か否かの判定は、事実問題（quid facti）ではなく、権利問題（quid juris）なのであって、ある主体が、あるときに事実上、実在的なものをとらえていないからといって、直ちにそれが実在的でないと結論づけられるわけではない。ある現象に「夢」や「幻覚」という意味が付与されるのは、それから「覚めた」のちに、それが知覚を根幹とする客観的・実在的世界のうちに整合的に組み入れられないからである。

そして、このことを決定するのは超越論的統覚である。すなわち、「夢を見ている」純粋統覚は、「覚めたのちに」超越論的統覚によって「夢を見ていた」統覚として判定されるという意味で、実在的であると言っていいであろう。

とはいえ、「夢を見ている」統覚が純粋統覚であり、夢から覚めた後に、それを「夢として判定する」統覚が超越論的統覚であるというように区別するとしても、ここには純粋統覚と超越論的統覚という互いに独立の二つの実在的なものがあるわけではない。純粋統覚はむしろ、超越論的統覚による実在的・客観的世界の構成以前の統覚であるとともに、超越論的統覚が世界を構成するときにも、いわば同時に存在している。でなければ、超越論的統覚はどうして、夢を見ている純粋統覚の記憶を「みずからのもの」としてもつことができよう。純粋統覚はそういう仕方で、

「私のあらゆる表象」、すなわち実在的表象にも非実在的表象にも「伴いうる」ものとして実在するのである。

第三章 「私」は自己を知る

第七節 自己触発

1 内的感官の多義性

「私」と内的感官

本章では、超越論的自我論において「統覚」とならんで重要な役割をもつ、「内的感官（der innere Sinn）」について考察する。それは「そと」からの刺激を受け取る、「外的感官（die äußeren Sinne）」に対立し、『純粋理性批判』第一版の「演繹論」では、次のように言われている。

> 私たちの諸表象は、それがどこから発現しようと、（中略）それらの諸表象は〈こころ〉の変様として内的感官に属し（後略）、（A257）

「外的感官」と「内的感官」とのペアは、はロックの "external senses" と "internal senses" に由来するが、カントの場合、これが単に超越論的意味に変様しているわけではない。カントの超越論的観念論の本来の立場においては、物理学が描く外的経験も、超越論的意味における「うち」なのであり、これに呼応する超越論的意味における「そと」は物自体である。

さらに、超越論的意味における「うち」には、ロック的な経験的意味における「内的経験」も並存している。すなわち、経験的意味における「そと」は、外的経験である物体的世界であり、経験的意味における「うち」は固有の身体に宿る〈こころ〉である。この二重性は「内的感官」の機能の二重性（超越論的機能と経験的機能）を引き起こしている。これについては、次の「第八節　内的経験」において詳しく論ずるが、さしあたりここで指摘しておくと、カントの超越論的観念論における「内的感官」の対象は〈こころ〉なのであるが、〈こころ〉としての「私」と、超越論的統覚としての「私」との関係が問題になる。

> 思考するものとしての自我は、内的感官の対象であって〈こころ〉（Seele）と呼ばれる。外的感官の対象である物は身体（＝物体、Körper）と呼ばれる。（A342, B400）

内的感官は、五官である外的感官とは別の特殊な感官であって、その対象が〈こころ〉なのである。なお、カントは、内的感官を超越論的統覚と対立させて経験的統覚の意味で使用することもある。

ところでこの根源的・超越論的条件は、超越論的統覚にほかならない。内部現象のこのような流れには持続する自我なるものは存し得ず、この種の意識は通常内的感官と呼ばれ、あるいは経験的統覚と名づけられる。（A107）

後者の引用において、カントは内的感官と経験的統覚とを同一視しているが、その理由もわからないことはない。超越論的統覚は、内的感官を触発して内的経験を構成するが、この作用による成果であるところの内的経験を含むような統覚が、経験的統覚だからである。

よって、内的感官はそのまま経験的統覚であるわけではなく、そのまま内的経験を含むわけではない。あえて単純化していえば、内的感官とは超越論的統覚によって触発される（前の）「私」であり、経験的統覚とは超越論的統覚によって触発された（後の）「私」である。

さらに、微妙な領域に分け入れば、カントはデカルトのコギトを二重の面から見ている。すなわち、内的感官を触発する「前の」超越論的統覚①という面と、内的感官を触発した「後の」超越論的統覚②という面とであるが、おうおうにして、後者が内的感官それ自身と混同されてしまう。このことに気づいて、カントは『実用的見地から見られた人間学』において、次のような警告を発している。

内的感官は純粋統覚ではない。すなわち、人間がなすことについての意識ではない。なぜなら、こういう意識は思考能力に属するものだからである。そうではなく、内的感官は、人間が自分自身の思考法則によって触発される限りにおいて自分が受け取ることについての意識である。

（カント全集第七巻、深作守文訳、理想社、一九六五年、一六一頁）

〈こころ〉が内的感官の対象であるということは、それがデカルト的「思惟実体（res cogitans）」ではない、ということを含意している。さらに、それはもちろん現象的実体＝物体でもない。「実体のカテゴリー」が適用されるものは、地球や人体や原子など一定の時間・空間的位置を占め、さまざまな自然の保存則に従う現象的実体（物体）だけであるから、内的感官の対象としての〈こころ〉は、それから排除される。とすると、〈こころ〉は単なる概念ではなく、「不滅の魂」という理念でもなく、幾何学的対象のような純粋直観でもなく、仮象でもなく、しかも時間・空間のうちに「現存在する」ものである。

なお、カントは〈こころ〉が身体の現存在する場所に、現存在することは認めるが、身体のどこかに局在していることを否定している。前批判期の『視霊者の夢』（一七六六年）から引用しておこう。

その変化が私の変化であるような身体（＝物体）、この身体は私の身体であり、その身体の場所が同時に私の場所である。（カント全集第三巻、川戸好武訳、理想社、一九六五年、三二四頁）

前節で見たように、『純粋理性批判』において〈こころ〉は、統覚との関係を取りもどす。すなわち「私」は、一方では、世界を綜合的に統一する超越論的統覚として、他方で、「私の身体」に宿る〈こころ〉として登場してくるが、両者は超越論的観念論の枠内では、前者が後者を触発する「自己触発（Selbstaffektion）」の作用によって関係づけられる。

なお、物自体からの触発と同様、この作用がいかにして可能かを問い、答えを求めようとすると、われわれは超越論的観念論の枠を越えなければならない。自己触発は（物自体からの触発と同様に）、超越論的観念論の「そと」に位置する作用であって、それは超越論的観念論を存立させるために必須不可欠なものであるが、超越論的観念論の「うち」では場所をもたないのである。

「現存在する私」から、その現存在を（表面上）捨象して成立する超越論的統覚への移行は、同時に現実性から（独特の）可能性への移行であり、この移行によってはじめて超越論的観念論が開かれる。したがって、（独特の）可能性から現実性への逆の移行を表す「自己触発」は、この移行の理由（根拠）を明らかにしているわけではない。その根拠は、統覚と内的感官との根源的関係なのであるが、これに関して重要なのは、超越論的観念論の「そと」ですでに成立している「私の現存在」という原的事実である。「私の現存在」は、けっして根源的自我ではない。それは、それから「現実性」が（表面上）捨象されて超越論的統覚へと移行し、その超越論的統覚が内的感官を触発して内的経験を構成する、という円環によって、超越論的観念論を支える原的事実であることが明らかになる。

第一版から第二版にかけての自我論の転回

ここで注目されるのは、『純粋理性批判』第二版において「触発」の概念が「自己触発」の方向にかなりの比重をかけて使用されていることである。カントが第一版から第二版へと大幅に変更を加えた（すなわち、完全に書きかえた、あるいは大幅に追加した）のは次の箇所である。

1 「超越論的感性論」の最後に、「超越論的観念論に対する一般的注解」を付加する。
2 「超越論的演繹論」のすべてを書き換える。
3 「超越論的原則論」のうちの第四番目、「経験的思惟一般の要請」の「現実性の原則」のうちに「観念論論駁」を挿入する。
4 「超越論的弁証論」のうち、「超越論的誤謬推理」のすべてを書き換える。

こうしてみれば一目瞭然であるが、カントが第二版で書きかえたのは、ことごとく「自我」に関する領域である。とすれば、第一版から第二版への超越論的観念論の転回とは、いうなれば、超越論的自我論の転回なのである。そのさい、「統覚」の概念はすでに固定しているから、統覚以外の自我論の領域、すなわち「内的感官」「内的経験」「自己触発」などに関係する領域が大幅に付加されることになる。４はすでに第一節で論じたが、２をさらに限定したうえで残りを扱うと、具体的には次の三箇所である。

１　「超越論的感性論」の「超越論的観念論に対する一般的注解」。

２　「超越論的演繹論」のうち、第二四項の後半。

３　「経験的思惟一般の要請」の「現実性の原則」のうちに挿入された「観念論論駁」。

本書第七節の意図は、これらの箇所に登場してくる自己触発の概念を正確にとらえることである。まず、１から見ていくことにしよう。

カントは第二版で大量の「超越論的観念論に対する一般的注解」をつけ加えたが、そこでの「触発」は自己が自己を触発するという、（いわゆる）「自己触発」というかたちで登場してくる。その場合、「触発するもの」と「触発されるもの」とが微妙に揺れ動く。以下、このあたりの論述を踏み込んで解釈してみよう。まず、次の二つの文章を整合的に解読しなければならない。

〔直観の形式とは〕、心意識（Gemüt）がみずからのはたらきによって、すなわちその表象をこうして置くことによって触発される仕方、すなわち自己自身によって触発される仕方であり

（後略）、　　　　　　　　　　　　　　　　　　　　　　（1とする）（B67f）

自己を意識する能力が、心意識のうちに存するものを探す〔把捉する〕のであるとすれば、その能力は心意識を触発しなければならず（後略）、　　　　　　　　　　（2とする）（B68）

これらの引用箇所の少し前に、「自己自身の意識（統覚）とは『私』という単純な表象である」（六八頁）とあることから、「自己を意識する力」が「統覚」と置きかえられることは確かである。そのうえで、1と2における「心意識」の意味を問うてみよう。カントにおける「心意識」の意味は一義的ではないが、1では「心意識が自己自身によって触発される仕方」が「直観形式」であることから、この意味を保ちながら語を変換して「心意識とは直観形式によって触発する自己自身」であると言ってよいであろう。すなわち、心意識とは自己自身を触発するものであるとともに、自己自身によって触発されるものである。

2の文章はより簡明であって、「自己を意識する能力」が「心意識」を触発して、「心意識のうちに存するものを探す」。すなわち「心意識」は、自己意識（自己触発）の①主体、②対象、③主体と対象との関係、ないしその場という、三つの意味を兼ねている。しかし、ここで厳密に分けるべきであるのは、自己意識と自己触発であって、自己意識は統覚それ自体の内部作用であるが、自己触発はそうではなく、そこに直観形式（時間）が介在する作用である、という点である。

その場合、その作用が関わるのには、自己直観のレベルと自己認識のレベルとがある。そして、両者とも内的感官を触発するのであるが、後者のみが内的経験を構成する。

内的感官の形式としての時間

そのさい注目されるのは、空間と時間が「直観の形式」のみならず、「内的感官の形式」と規定され、自己触発と関係づけられていることである。

（前略）空間と時間において、外的客観の直観も心意識の自己直観も、両者共に、客観がわれわれの感官を触発する仕方にしたがって、つまり客観が現象する仕方にしたがって、客観を表象する（後略）。（B69）

（前略）われわれの外的な直観の仕方、および内的な直観の仕方の主観的形式は、（中略）客観の存在に依存し、したがって主観の表象能力が客観によって触発されることによってのみ可能であるから（後略）、（B72）

これらの箇所では、触発の「仕方」が問題となり、内的感官の場合、それは『うち』から触発される仕方」であり、それは、「内的感官の形式」としての時間に呼応する。時間とは、「私が私を触発する形式」なのであり、この場合、「触発」とは瞬間的作用なのではなく、触発する「私」と触発される「私」との時間的隔たりを開く形式である。

カントは時間を、直観の形式や純粋直観と並んで、「内的感官の形式」と規定している。直観の形式と純粋直観という二つの規定は、時間と空間において共通であるが、「内的感官の形式」という規定こそが、時間を「外的感官の形式」としての空間から区別する。「外的感官の形式」は、空間化された時間、すなわち物理学的時間にほかならない。

ニュートン（あるいは古典物理学）に代表される物理学的時間は「内的」視点が欠如したものであり、そのかぎり空間との区別がない。それは外的物体の運動を測定することを基準にした時間である。物体A（速度v）、B（速度2v）、C（速度4v）が眼前を（等速で）運動するとき、観察者は一定の時間⊿tのうちに、Bは、Aの到達した距離Lの二倍の距離2Lを、Cは、四倍の距離4Lの点に到達したことを端的にみてとることができる。よって、同時に時間と空間の関係から速度が理解されるのだ。

こうして、時間理解はあたかも外的知覚の場面で完結しているように思われるが、そうではない。ここには、「(空間ではない）時間の長さ」の了解が前提されていて、それは外的運動を観察してもとらえられず、内的に端的に「感ずる」しかない。しかも、人間としての「私」は、同じ一定（例えば、一分）の時間の長さであっても、〈いま〉経過しつつある一分と一時間前に経過した一分との、それぞれの客観的時間上の位置が異なることを端的に知っている。それぞれの一分は、〈いま〉からの時間的隔たりが違うからである。

こうして、時間の長さは最終的には他のものにも還元されない内的な持続の感じによってわかるのであるが、時計のように時間の長さを時計板の上の距離の長さ（一分）に翻訳してしまうと、内的持続の感じを跳び越えて、はじめから空間化された時間から物体の運動へと至ってしまう。

だが、もし「私」が内的持続を感じないとしたら（針の動きを観察しても、次々に忘れていくとしたら）、時計が「時間を計っている」ことを理解できないであろう。アリストテレス以来、時間には測定する「魂（physichē）」が必要なのであって、それは持続するものを測る能力をもたねばならず、とするとそれは、それ自身持続するものでなければならない。それは単なる「表象の形式」としての統覚ではなく、やはり〈こころ〉ないし「心意識」なのである。すなわち、内的感官の形式において登場する「私」は、思考する超越論的統覚から、知覚し想起する内的感官に移っているのである。

こうして、「内的」という意味の源泉は「私＝私」という根源的統一性に求められるが、それはX＝Xという分析判断のXに「私」という項を代入したにすぎないわけではない。私＝私によってカントは、「私」が観察することなく、直接的に（内的に）把握することを意味している。としても、それは瞬間的な自己意識の反省を表すわけではない。その根源的モデルは、「時間的な」自己反省なのである。このことを「内的感官の形式」としての時間という規定が表している。

ここで再度確認すると、時間の隔たりにおける「私」のとらえかたこそが、「内的」関係の根源的把握である。そして「時間の隔たり」とは、空間化された時間という線の隔たりではなく、（現実的な）現在と（現実的な）過去との端的な隔たりである。これに呼応して、「私」とは、〈いま〉と過去における事象との端的な関係を結ぶ能力を有するものである。

ある存在者S_1がこのような端的な時間位置（時間間隔）を把握しえなければ、S_1は「私」ではない。たとえS_1が、ニュートンの運動法則に登場してくる物理学的時間（t）を理解しえたとしても、そこに記入されていない〈いま〉、さらに「〈いま〉やもはやない」過去を理解していないのなら、S_1は時間を知っていることにはならないし、S_1は「私」ではない。

なお、第二版の「超越論的感性論」における自己触発の強調は、人間的直観が知的直観（intellektuelle Anshauung）」ではなく、感性的直観（sinnliche Anscahuung）」であることを示している。

> （前略）なぜなら、そもそも自己を意識する能力は、自己活動的に直接自己を表象するようにではなく、「うち」から触発される仕方にしたがって、よってそれが存在するようにではなく、それがみずからに現象するように、自己を直観するからである。　（B 69）（傍点、中島）

ここにおける「自己活動的（selbsttätig）」とは「知的（intellekutuell）」にほかならず、完全に能動的に（いかなる感性的・受動的直観作用もなく）、自己を直観（この場合は、同時に認識）できるという意味であるが、人間である限りの「私」は、自己直観も自己認識も自己自身（内的感官）を触発することによるほかないのである。

2　「私の現存在」と自己触発

悟性が内的感官を触発するという「パラドックス」

自己触発は、自己直観のレベルに留まるものではない。次に、先に示した『純粋理性批判』第二版における大幅な変更のうちの2に進むことにしよう。カントは第二版の「超越論的演繹論」の二四項の途中に「＊＊＊」という印をつけて、区別した直後に次のように言っている。

> ところで、いまこそ、内的感官の形式が論究されたさいに、（第六項）誰もが気づいたにちがいないパラドックスを説明すべきときである。（中略）それは、つまり私たちがおのれを内的に触発されるとおりにしか直観しないからであるが、このことは、私たちがおのれ自身に対して受動的なものとして態度をとらざるをえないことになるゆえ、矛盾であるように見えるというのが、そのパラドックスにほかならない。
> （B152f）

また、ここからしばらくして、カントは次のように言う。

悟性はしたがって、自分がその能力である受動的主観に対して、構想力の超越論的綜合と名づけられる行為をなし、その行為に関してわれわれは内的感官がこのことによって触発される、と言うことができる。(B 153f)

ここに論じられているのは、自己意識そのものにおける自己触発＝自己直観とは明確に異なって、触発されるものは「受動的主観」、すなわち「内的感官」、すなわち対象としての〈こころ〉をとらえる独特の内的器官であり、そして触発するものは「悟性」であるが、この場合は（超越論的綜合を遂行する）構想力を含む、超越論的統覚と考えてよいであろう。

言いかえれば、超越論的統覚は単なる自己意識ないし自己直観なのではなくて、その固有の身体に「宿る」内的感官にはたらきかけるのであり、それが本来の認識レベルの自己触発である。しかもこの場合、重要なのは、超越論的統覚は固有の内的感官を触発することによって、現実性を取り戻す、ということである。超越論的統覚という「表象の形式」が現実的内容を取り戻すのであり、それは固有の身体を触発することによって達成される。

このことは、いかにして可能なのか。「私の現存在」が、その現実性を（表面上）捨象して超越論的統覚に移行しても、「私の現存在」というあり方を消去したのではなく、それを超越論的統覚の「うち」に否定的に残留させたのであって（でなければ、どうして超越論的統覚が、「私」であることを理解できようか）、超越論的統覚は自己触発によって原事実としての「私の現存在」に回帰するのだ。

しかも、この回帰は外的経験（客観的世界）の全体を構成（綜合的に統一）してはじめて達成される。認識レベルの自己触発とは、超越論的統覚が開く現象（外的経験）の客観的時間軸のうえに、固有の身体をもって現に「私」が経験したすべてを位置づけ、「内的経験」を構成することである。

こうして「私」は、外的経験を介して間接的にしか内的経験を構成できない。外的経験を構成できるような「私」が超越論的統覚なのであり、そのような超越論的統覚のみがその固有の身体を触発し、そうした固有の現実の体験系列（過去系列）を構成することができる。

本来、カントにおいて「触発」とは、未知のものからの未知の作用を表す概念であり、これは「Xからの外的触発」において顕著である。しかし、自己触発とは超越論的統覚が内的感官を触発するのであり、その作用主体も作用も未知ではない。では、なぜここでカントは「触発」という概念を使用したのかであろう。「Xからの触発」の場合に明らかであるように、触発は超越論的観念論の「うち」では説明できず、超越論的観念論の枠組みの「そと」にあって、超越論的観念論そのものを成立させている根源的な作用だからである。こう確認したうえで、再度、自己触発に関して同じことが言えるかどうかを問うてみよう。

自己触発と過去の構成

これを「時間」という観点から見直せば、時間は「直観の形式」であるが、それはまずもって外的経験の形式として時間順序だけが刻み込まれた物理学的時間なのであり、そこに現に「私」がなした体験系列である内的経験を書き込むことによって、現在と過去とを、そして未来を書き込むのである（けっして逆ではなく）。「私」が端的な〈いま〉を開き、これと過去との関係を端的に切り開くことができるのでなければ、「私」は過去を理解できないであろうし、といって、そのつどの記憶の集積が、そのまま「過去」なのではない。過去は時間である限り、それぞれの出来事が客観的時間において一定の位置を占めるものでなければならない。こうして、もし「私」がある種の出来事を「自分が現に体験したこと」として想起できないとしたら、過去は構成できないであろうし、その場合、数千年の世界史という過去も、数十億年の生物進化史という過去も、一三八億年の宇宙進化史という過去も、まったく理解できないであろう。

そして、「私」がある出来事を自分自身が現に体験したこととして想起できるのは、やはり「現存在の感じ」に拠るからである。あのとき、「私」は飛行機から北極星を見ていたのだ、あのとき、「私」は冬のウィーンの街を歩いていたのだ……。さまざまな証拠が残っていても、「現存在の感じ（現になしたという感じ）」を欠いては、想起ではなく、単なる推量であろう。とはいえ、「私」が想起するとき、「私」は〈いま〉一〇年前の歯の痛みを、二〇年前の腕の痺れを「再現」しているのではない。想起は過去の再現ではなく、〈いま〉端的に過去の出来事を構成することなのである。

ここに重要なことは、想起における「現存在の感じ」は、知覚における「現存在の感じ」と比較して、その「端的さ」に変わりはないということである（一般に知覚像のほうが、想起像より数段鮮明であるとしても）。言いかえれば、過去は現在の変様としてではなく、（現在と同じく）過去そのものとしてとらえられねばならない。過去は〈いま〉が他の時間位置に移行したものではなく、想起はその位置にあるかつての〈いま〉を取り戻すことではない。こうした擬似運動は単なる非現実的な比喩にすぎない。過去とは、ただ「もはやない」ことであり、想起とはそれを、その「なさ」のままとらえることである、

後に論ずるように、メルロ＝ポンティやミシェル・アンリ、あるいは中野祐考のように、現在の身体運動に自己触発の源泉を求める理論は、「私」が過去に実現した行為を、「私」が〈いま〉実現している行為の拡張形態（変様）としてしか説明できないであろう。そうではなく、自己触発とは「内的経験」を構成する作用なのであるから、「私が現在実現している行為」より、むしろもっぱら「私が過去に実現した行為」に向かう。現在の「私」が、みずからが実現した、もはやない（過去の）行為と端的な根源的関係を取り結ぶこと、これこそ自己触発の規準なのであって、超越論的観念論の表向きの堅固さを裏で支えつつ、「一つの可能な経験＝客観的世界」を「現象」に留まり続けさせるXなのである。

そして、超越論的統覚が構成する客観的・実在的世界は、「現実性」をそこから徹底的に排除することによって、ようやくみずからをもちこたえている。現実性は、知覚が示すような端的な現在に成立するのみならず、想起が示すような「もはやない」過去においても端的に成立している。しかし、「現実性」は、超越論的統覚の登場とともに、超越論的観念論から（表面的に）捨象されるので、超越論的観念論のうちでは、せいぜい「現実性の様相」として周辺で語り添えられるだけである。カントは、これを正面から超越論的観念論の「うち」に取り込んでしまうと、それが自己崩壊することを知っていたのである。

自己触発は世界全体を巻き込む

後年カントは、「『われわれが思考することは経験であるか?』という問いへの答え」（一七八八―九一年）と題する小論（カント全集第一二巻、門脇卓爾訳、理想社、一九六六年）において、超越論的意識は自己認識を提供しないと言う。なぜなら、自己認識には「内的感官の触発」が必要なのだが、超越論的意識はそれを欠くからである。

私の現存在は、超越論的観念論においては、実在的な超越論的統覚からの自己触発を通じて、「(対象的に) 感じられる」ものとなった。そして、触発はいつも認識の「そと」の作用を表す。こう考えてくると、触発とは、「現存在」を与える作用であることがわかる。しかし、超越論的統覚が、みずからの「現存在」を与える能力をもつはずがない（もつなら「神」になってしまうであろう）。「私」には、はじめから（超越論的統覚である以前に）、その現実性が与えられているのだが、超越論的統覚への移行とともにその現実性を（表面上）捨象した。しかし、超越論的統覚が内的感官を触発すること（「自己触発」）によって、失ったかに見えた現実性を再獲得するのである。

この場合、あえて比喩的にいえば、「私の現存在」の場所は世界、すなわち「可能な経験」の手前であるが、超越論的統覚の場所は世界の彼方といえるであろう。物自体からの触発に基づいて「私の現存在」の現実性を捨象し、構成された超越論的統覚が、世界の「うち」に、諸物の「あいだ」に、「私の身体」を構成し、まさにその場所に経験的統覚、すなわちこの「私」を構成するのだ。こうして、この「私」は日常的には最も近いものであるが、カントの超越論的観念論においては、世界全体を巻き込む最も遠いものとなる、

カントが（初期）フィヒテの知識学に反対したのも、超越論的統覚が「事行（Tathandlung）」において、みずからその現存在を産み出す（ないし、初めから有している）というフィヒテの見解を受け入れ難かったからである。超越論的観念論は形式だけにかかわるのであり、形式という観点からのみ経験を「一般的に可能にする」のであって、断じて経験を「一般的に現実にする」のではない。そのためには質料が必要であるが、質料は総じて「与えられる」のであり、「現存在」も形式のみではなく、かかわるのであるから、あくまでも「与えられる」のである。

さらに、自己触発とは超越論的統覚が内的感官を触発することであるが、これはフィヒテの主

張するような自己内に限定された反省構造であるわけではない。同時に世界全体を巻き込むほどの威力をもっている。というのも、超越論的統覚とは、（現象的）実在世界全体を構成する能力をもつ統覚であるが、こうした実在世界の構成とは別に内的感官を触発するのではないからである。まさに、超越論的統覚が「外的経験」（物理学的実在世界）を構成する作用そのものがS_1の内的感官を触発して、S_1固有の経験を構成するのである。

カントが物自体を消去しなかった最大の理由は、あらゆる「現実性」の規準である「私の現存在」を「（人間的）私」が与えるのではなく、「（人間的）私」に与えられていることを貫きたかったからではないだろうか。

以上、先に挙げた第二版における自我論の転回の②までを確認した。あとは、③であるが、それは、次節（第八節）で扱うことにしよう。

3　自己触発と物自体からの触発

ファイヒンガーの二重触発論

触発の二つの種類を、ハンス・ファイヒンガーは「超越的触発（transzendentale Affektion）」と「経験的触発（empirische Affektion）」と名づけている。「前者の触発においては、物自体が我々の超越論的自我（中略）を触発し、後者の触発においては、現象における諸対象が我々の経験的自我（中略）を触発する」（H.Vaihinger, "Kommentar zur Kants Kritik der reinen Vernunft", 1922）。

超越的触発とは物自体から超越論的統覚への触発であり、カントは、触発が「〜から」とは言っているが、「〜へ」とは言っていないのであるが、ファイヒンガーはあえて「物自体が超越論的統覚」を触発すると主張する。「超越的触発」という言葉自体はカントのいかなる文面にもみいだせないのであるが、ファイヒンガーがこれを導入する理由はわかる。すなわち超越論的観念論は、たしかにデカルトの「コギト・スム」、すなわち「私の現存在」の明証性から出発しているが、デカルトにとっては「明晰かつ判明」という強力な原理によって、実在的・客観的世界を確保できたのだが、その背景には、神の誠実性にかかわるさらなる大原理が控えていて、それによって世界が誤謬の集積あるいは夢幻ではないこと、真なる実在的世界であることが保証されている。しかし、カントは「神の誠実性」の原理を採用することができない。その場合、「（人間的）私」に与えられた理性・構想力・悟性・感性という「認識能力」に、世界の実在性の源泉を委ねるほかないわけである。こうした認識能力が、単なる有機体である「現存在する私」に実在的・客観的世界を構成することを可能にする。その能力自体を「私」が自己創造・自己開発したわけでもなく、といって「神に由来する」わけでもないとすると、源泉を求める限り、それを与えるのは「私」の「そと」に存する未知の物自体Xからの触発以外にはないであろう。

こうした文脈に、「超越的触発」はうまく位置づけうる。物自体Xが（感性ないし身体ではなく）、まさに統覚それ自身を触発して、そこに「実在性」の基盤を形成させるのである。それは、言語（ロゴス）を外から注入され、そのことによって「私」になるある有機体が、なぜみずからの「そと」の実在世界を構成する能力をもつことができるのか、すなわちその能力を獲得するのか、という問いに対する単刀直入な回答でもある。こうした構図のもとにおいては、触発する物自体Xは、カントが次のように語るときの「超越論的客観」に近いであろう。

外的な諸現象の根底にも、また同じく内的現象の根底にも潜む超越論的客観は、物質でもなければ、思考する存在者自体そのものでもなく、諸現象の、私たちには未知の、ある根拠である。（A379f）

ファイヒンガーの意図に鑑みるに、彼はこの超越的触発に基づいて超越論的統覚が客観的世界（経験）を構成するという、一つの完結した構図を描きたかったのであろう。その場合、経験的触発とはロックをそのまま受容したものであって、外的世界における諸対象が、「私の身体」を触発することである。

しかし、ファイヒンガーの見過ごしていることがある。それは超越論的統覚が登場してくるときに（表面上）捨象された「私の現存在」であり、これを「私」が自己自身の「うち」から産み出したのでないとすると、これは未知の物自体Xからの（超越的）触発によって「私」に与えられたのでなければならない、ということである。

アディッケスの二重触発論批判

ファイヒンガーに対して、エーリッヒ・アディッケスは「超越的触発」と「経験的触発」という二重触発を統一的に理解する困難さを指摘している。たしかに、ファイヒンガーの提唱する超越的触発は、超越論的統覚が物自体からの触発に基づいて、与えられたカオスにカテゴリー・時間・空間という形式の枠を投げ込むことによって、客観的統一世界〈物理学的世界〉を構成するのであるが、じつはこの操作によって具体的な実在的・客観的世界が成立するわけではない。あらゆる経験的概念の形式が、カテゴリーに含まれているわけではないからである。

　では、もう一方の触発である経験的触発が、経験的認識の根拠を与えうるであろうか。断じて与ええない。経験的触発は、経験的認識の膨大な諸対象がすでに与えられていることを前提しているからである。経験的触発は、外的経験の対象が外的感官を触発することによって、「私」の「うち」に知覚像を生じさせる作用であるが、カントにおいては、これがいかにして可能であるかという理論は欠落している。ただ、あらゆる経験的認識は超越論的（ア・プリオリな）認識の枠のうちにある、ということが保証されるだけである。ある原子の集合Aも別の原子の集合Bも、実体や因果関係のカテゴリーに従うことは説明できるが、AがなぜイヌとしてBがなぜネコとして現れるかの説明ができないのだ。こうして、二重触発論においては、経験的認識の根拠は、二重触発論をもってきても、両触発の狭間に落下してしまうのである。

とはいえ、超越論的観念論における自我概念は、超越論的統覚に一元化されているのではなく、それと並んで、カントは「内的感官」も消去していないのであって、その限り、二重の自我概念を形成している。超越論的統覚は「私の現存在」を表面上捨象した自我であるが、それが無規定的な「私の現存在」を含む「内的感官」を触発することによって、無規定的な「私の現存在」は規定された「私の現存在」、すなわち「内的経験」に変容するのである。

アディッケスの物自体解釈

以上の構図において、超越論的統覚が、じつは「私の現存在」という端的に感じられるものと切り離されないのであるとすれば、「私の現存在」こそ、物自体なのではなかろうか。こういう疑問が生ずるのも当然であり、アディッケスはその方向に思考を進めている。

> それゆえにカントにおいてもこの〔直接的〕体験は、彼の超越論的哲学の一定の前提から生ずるあらゆる帰結にもかかわらず、常に変らず貫徹されてきた。〔中略〕そこで彼は、実際に、常に新たに、あらゆる現象のうちに何か超越的なものを体験した。しかも現象とともに直接与えられたものとして、現象のうちにあって目に見えず、空間・時間を欠いて現在するものとして体験した。
>
> （アディッケス『カントと物自体』赤松常弘訳、法政大学出版局、一九八四年、一九六頁）

だが、その判定には慎重でなければならない。なぜなら、超越論的統覚による客観的世界の構成を中軸とする超越論的観念論は、たしかに「私の現存在の端的な感じ」なしには成立しないが、だからといってそれが超越論的観念論を成立させる「根拠」ではないからである。

言いかえれば、「私の現存在」は超越論的統覚（ひいては超越論的観念論）にとっての必要条件にすぎないのであって、「私の現存在」が、おのずから作動して超越論的統覚を、ひいては超越論的観念論を制作するわけではない。そこには、「私の現存在の感じ」のほかに、理性ないし悟性、構想力、感性という心的能力が前提されていて、「私の現存在の感じ」という条件のもとに、これらの諸能力によってはじめて超越論的観念論は成立するのである。

よって、もし「二重触発」という用語を使うならば、その二重性は、①物自体からの触発（外的触発）によって統覚が触発され、それによって客観的世界（外的経験）が構成され（それは物理学的世界にすぎない）、そのうえに、②統覚が内的感官を触発することによって（自己触発＝内的触発によって）内的経験を生ぜしめるという二重性にほかならない。

これを言いかえれば、「私」はまず統覚として物理学的世界を描き出し、その上に自分が現に体験した世界を描きこむのだ。この「二重性（Doppelheit）」は二元性（Dualisumus）」ではない。「私」は二通りの仕方で世界を構成するのではない（それなら二元的触発となるであろう）。そうではなくて、（統覚としての）「私」が物自体からの触発に基づいて外的世界を構成することが、すなわち（内的感官としての）「私」を触発するのであって、この全体の連関は、あくまでも一つの触発の二重の局面なのである。

よって、「（人間的）私」である限り、統覚として外的世界を構成することだけができて、「そこに」自分自身の現にたどってきた系列である内的経験を書きこめないことはないであろうし、逆に客観的世界を構成せずに（ある内的洞察によって？）自己自身を認識することもありえないであろう。

有限的・理性的存在者と物自体

前節で、ファイヒンガーやアディッケスの二重触発論を批判的に紹介したが、本節の最後に、物自体という概念に簡単に触れておこう。カントの超越論的観念論ないし超越論的・観念論的自我論において、物自体はその理論的役割を果たしていない。物自体はむしろ、カントに限定されない西洋近代哲学の思想的大前提なのであって、人間的自我の有限性を示すだけのものなのではないか。そして、デカルトからカントにかけて、ユークリッド幾何学とニュートン力学の成果を客観的認識のモデルにしたので、その知識のあり方は有限な知識の典型例とみなされることになった。

このことを、カントの自我論に則して具体的に指摘すると、人間的自我はカテゴリーという思考の形式と時間・空間という直観の形式という、「経験を可能にする条件」によって対象をとらえざるをえず、すなわちこれらによってとらえられた対象が「可能な経験」の対象である（「最高原則」）という円環をなしている。

先に、「超越論的観念論が有する諸概念において、物自体はその理論的要素をなしていない」と語ったが、物自体はこの円環に積極的に参与せず、むしろこの円環の「そと」に位置するからである。

とはいえ、まったくこの円環と無関係であるわけではない。なぜなら、すでに述べたように、超越論的統覚は「経験を可能にする条件」のうち、「カテゴリーの乗り物」だからであり、時間・空間もまた、「超越論的図式論」に登場してくる超越論的図式が示すように、カテゴリーに正確に対応しているからである。すなわち、われわれ人間が「経験を可能にする条件」のもとでのみ、客観的世界認識に至るということが、人間という理性的存在者の有限性を表しているのであり、この思想に物自体からの触発という作用がぴったり呼応しているのである。

補節　さまざまな自己触発論

ハイデガーの自己触発論

「自己触発」に関する考察の最後に、さまざまな自己触発論を見ることにする。

まず、ハイデガーによる「純粋自己触発論」を検討する。ハイデガーは、『カントと形而上学の問題』（*Kant und das Problem der Metaphysik*, Klosermann, 1951）において、カントの自己触発の原意を暴力的なほど捻じ曲げて解釈し、みずからの理論を導き出している。

その最たるものは、自己触発に関するまとまった議論は『純粋理性批判』第二版ではじめて主題的に登場してくるのに、ハイデガーは意図的に第一版にそって解釈作業を進めていることである。第一版にも、たしかに自己触発論の萌芽は見られる。しかし、このことによって第二版の「演繹論」において、カントがはじめて主題的に自己触発論を展開していることを無視してよいことにはならない。だが、さらに驚くべきことに、壮大なハイデガーの解釈は、カントのテキストにおいて、ただ次の一箇所だけに依拠していることである。

Raum und Zeit enthalten nun ein Mannigfaltiges der reinen Anschauung a priori, gehören aber gleichwohl zu den Bedingungen der Rezeptivität unseres Gemüts, unter denen es allein Vorstellungen von Gegenständen empfangen kann, die mit-hin auchden Begriff derselben jederzeit affizieren müessen.

（A77, B102）

この箇所はさまざまな解釈の可能性を許容する（よって、ここではあえて訳さない）。ハイデガーはB・エルトマンの解釈にそって“die”を”Bedingungen”ととり、“Begriff”のあとの

〟derselben〟を〝Vorstellungen der Gegenständen〟と解している。ハイデガーの純粋自己触発論は、まさにこの二つのとり方に全面的に拠っている。これは驚くべきことではないだろうか。というのは、以上の〟die〟か〝derselben〟のどちらかを別様にとれば、それだけでハイデガーの解釈は、少なくともカントのテキスト上の論拠を失うからである。

以上を確認したうえで、ハイデガーの〝die〟および〝derselben〟のとり方に従ってみていこう。「時間がわれわれの心意識を触発する」というこの方向に一歩を進めるや否や、われわれは彼の言葉の魔力に押し流されていく。ハイデガーの暴力的な省略によっても、カントの原文では「時間が」ではなく、「時間と空間が」であるはずであるが、それはおこう。「時間が時間を触発する」とは次の意味である。

> この純粋直観は、そのうちに形成され、直観されたものをもって自己自身にかかわり、しかもこれは経験の助けをかりない。時間はその本質からして、自己自身の純粋触発である。
>
> （同書、一七一―一七二頁）

この場合の「自己」は、時間が時間自身を触発するという意味における「自己」（すなわち「時間」）である。ハイデガーはここで時間が時間を触発するということを、「XがXを触発する」という構造そのものの原形とみなしている。この場合、「純粋」とは、「他の何ものかに由来するのではなく、根源的に」という意味である。時間は時間を、「他の何ものかに由来するのではなく、根源的に」触発する。時間が時間自身にかかわることが、あらゆる「自己自身にかかわること」の本質を形成し、よって私が私にかかわること〔統覚＝自己意識〕の本質を形成することになる。

純粋自己触発として、時間は自己（Selbst）が自己意識のようなものでありうる仕方で、根源的に有限な自己性を形成する。（同書、一七二頁）

自己触発を「時間が時間を触発する」と定式化するのは、そのままでは超越論的観念論の基本構図にそぐわないであろう。カントにとって「触発する」のは、あくまでも意識（感性、悟性）であり、統覚である。先に確認したように、「直観形式」の基礎には「身体の形式」が潜んでいるが、その場合も「方位を定める」のは意識（感性、悟性）、あるいは統覚であって、空間自身ではない。

しかし、ハイデガーの時間の自己触発論を思い切って「改釈（Uminterpretieren）」すれば、空間化され、そこには時間順序しか書き込まれていない（客観的）時間が、現在・過去・未来からなる（様相的）時間を触発する、すなわち（客観的）時間意識を有する超越論的統覚が、〈いま〉現存在する内的感官（固有の身体）を触発して、「そこから」現在・過去・未来からなる（様相的）時間を触発する、と読み変えることができるかもしれない。

超越論的統覚は〈いま〉を知らず、よって過去も未来も知らないのであって、ただ時間順序を知るだけである。このことによって（現在・過去・未来の区別を排除することによって）、まさに物理学のように客観的世界（経験）を秩序づけることができるのだ。その超越論的統覚が、さらに内的感官を触発することによってはじめて、私の現実的過去である内的経験が構成される。「感性論」を厳密に読んでいくと、以上のことをカントは、「時間概念の超越論的究明」において明示している。

それゆえ、われわれの時間概念は、稔りがなくはない一般運動論が提示しているのに充分なア・プリオリな綜合認識の可能性を説明する。（A33, B49）

「一般運動論が提示しているのに充分なア・プリオリな綜合認識の可能性」とは物理学における時間関係の可能性という意味であり、ひいては時間様相を消去し、時間順序からなる時間のみを究明するという宣言である。超越論的観念論において、「一つの経験」という現象的実在性をもつ客観的世界から〈いま〉を排除するということは、「私の現存在」を（表面上）排除することに呼応している。〈いま〉と「私の現存在」との明証性は超越論的観念の枠内ではなく、その「そと」で確保されるのであって、まさにこのことが、世界全体を「現象」という位置に降下させることになる。

よって、ハイデガーのいう、「時間が時間自身に関係する」とは、「測定可能な客観的時間」は、ある〈いま〉①と他の〈いま〉②とのあいだに否定的自己関係が成立していることにほかならない。そして、これを「私」の側から言い直せば、〈いま〉①において〈いま〉②を、否定的な「すでにない」時として端的にとらえることができ、さらに、このことを通じて、すべての〈いま〉に客観的長さ（数）を付与することのできる主体、それが「私（超越論的統覚）」なのである。そして、〈いま〉①（現在）と〈いま〉②（過去）は、それ自体として成立しているわけではない。こうした関係をとらえるものとして「私（超越論的統覚）」が成立しなければ、（客観的）時間も成立しないのだ。その意味で、ハイデガーの主張するように、時間の自己触発のほうが自我の自己触発より根源的であるわけではない。

フッサールの自己触発論

フッサールもハイデガー同様、自己触発を時間構造から解釈しようとしているが、時間認識という側面が消えているわけではない。

時間認識とは、はじめから測定能力を含むものであり、それには「一」という単位の認識が必要だからである。言いかえれば、時間認識の成立とは、ある一つの〈いま〉と別の一つの〈いま〉との関係の成立なのであり、それはこの〈いま〉において、先の〈いま〉を「すでにない」という否定性として直接とらえることである。これが、時間を「運動における前後の数」と定義したアリストテレスの洞察であり、「過去把持（Retention）」という否定性にこそ時間意識の根源があるとする、フッサールの洞察である。

こうして、存在する〈いま〉①と、すでに存在しない〈いま〉②という二つの互いに両立不可能な〈いま〉とのあいだに、「〈いま〉①、すなわち現在は〈いま〉②、すなわち過去ではなく、〈いま〉②、すなわち過去は〈いま〉①、すなわち現在ではない」という否定的関係をつけるとき、「時間」が成立し、その時間を認識する「私」が成立する。

すなわち、この〈いま〉①（現在）において、さきほどの〈いま〉②（過去）の事象を想起するとき、想起している作用の主体が、想起されている対象とのあいだに端的な自己同一性の関係を認識するとき、その主体は「私」なのである。しかも、〈いま〉①と〈いま〉②との幅はそのときどきで変わるであろうが、それが「時間」における〈いま〉であるためには、一つの客観的長さをもたねばならず、言いかえれば、測定されうるものでなければならない。Aにとっての〈いま〉①は、Bにとっての〈いま〉①の五倍の長さ（数）であるというように。でなければ、われわれはそのつど、〈いま〉①と〈いま〉②とを区別できるだけであって、そこにはそれぞれの両立不可能な〈いま〉①（現在）と〈いま〉②（過去）との関係が成立しているだけであって、「時間」は成立しないであろう。

まず、それぞれの両立不可能な〈いま〉①（現在）と〈いま〉②（過去）との関係が成立していて、次にこれに何かXが加わって客観的時間が成立するのではない。時間はまず客観的時間なのであって、「その後」その機能の一部（例えば、測定機能）を除去して、広義の「時間」物語の時間、各自の時間などと呼んでいるだけである。この意味で、「時間」の成立は、すなわち直観形式としての一つの時間・客観的時間に呼応する一つの超越論的統覚としての「私」の成立なのである。

なお、クラウス・ヘルトは「時間が時間自身に関係する」というハイデガーの純粋自己触発論を「生き生きした現在」という自我の根源的あり方に読み替えて、このフッサールの自己触発論を、現在に限定したかたちで継承している。

フッサールが自我の自己触発について、折りにふれて述べているもろもろも言明も、右と同じ意味で〔時間が時間自身を触発するという意味で——中島〕理解されなければならない。例をあげよう。「作用は必然的にいつも触発しつつ存在している。そして、もろもろの作用のなかで、それらの合致の極として出現してくる自我もまた、まさに右のことによっていつも触発しつつ存在している。自己自身を、つまり、〈作動しているもの〉としての自己を触発することなしには、自我は、作動することができないのである。

（ヘルト『生き生きした現在——時間と自己の現象学』新田義弘、小川侃、谷徹、斎藤慶典訳、北斗出版、一九九七年、一五六頁）

自我の意識の作用が何かに向かうとき、その意識の作用は何かをとらえるとともに、自己を触発するのであり、このことはとりもなおさず。自我が自己を触発することである。こうして、ヘルトは自己触発をまさに「生き生きした現在」の方向に傾斜させてとらえていて、フッサールの自己触発論の中核の位置にあった「過去把持」から意図的に眼を逸らせているように思われる。

メルロ゠ポンティの自己触発論

（初期の）メルロ゠ポンティもまた、ほぼハイデガーが提示した「時間が時間自身に関係する」という構図のうちで「自己触発」をとらえようとしているが、やはり過去の形成を視野のそとに置いている。

思惟的主観ないし構成的主観がみずからおのれを時間のなかに措定し、時間のなかでとらえるといったことは、われわれにはまったく理解しようのないことであろう。（中略）しかし、もし主観が時間性であるとしたら、そのときには、自己措定も矛盾ではなくなる。なぜなら、それこそがまさしく生きた時間の本質を示すものだからである。時間は〈自己による自己の触発〉である。触発するのは、能力ないし未来への推移としての時間であり、触発されるのは、多くの現在の展開された系列としての時間である。

（メルロ゠ポンティ『知覚の現象学2』竹内芳郎・木田元・宮本忠雄訳、

みすず書房、一九七四年、三二九頁）

メルロ＝ポンティは、その自己触発論において、自己触発が「未来への推移としての時間」を成り立たせる点を強調する。触発するのは、未来へ推移させる時間であり、触発されるのは、そのときどきの現在という静止的時間幅である。よって、「未来へと推移させる時間」の能力を剥奪したものが、その残骸としての過去系列、すなわち空間化された時間なのである。

この流れは「現象としての自己を自己自身へと構成する」）（フッサール『形式論理学と超越論的論理学』より）のであり、単に現実的時間ないし流れる時間であるだけではなく、自己を知る時間でもあるということが時間にとっては本質なのである。というのも、現在の未来への炸裂ないし裂開こそが自己の自己への関係の原型なのであり、それこそが内面性ないし自己性を粗描するものだからである。（同書、三三九頁）

メルロ＝ポンティによれば、「私」が未来の事象を志向することによって「現在の未来への炸裂」が開かれ、これこそが「自己の自己への関係の原型」であり、「内面性ないし自己性」の根源なのである。しかし、これには大きな疑問符が付けられるであろう。

こうした「未来主義」は、ハイデガー、サルトルなどにも共通であるが、「私」が〈いま〉未来に向けて何ごとかを投企するということのうちに、人間存在の本来的あり方をみいだす思想に基づいている。そしてこれに呼応して、測定する時間を、さらにはそのモデルとなる過去時間を副次的な地位に押し下げる。しかし、いかに未来への投企が本来的であるとしても、それが正確な測定能力を欠いていることは確かである。だが、測定能力の欠如した時間とは、はたして「時間」なのであろうか。

カントは、こうした未来を基準にする時間理解に対して「否」を突きつける。なぜなら、時間とは「経験を可能にする条件」であり、さらに言いなおせば、「時間概念の超越論究明」に示されているように、「他のア・プリオリな綜合判断（具体的には物理学）」を可能にする条件なのであって、それは空間とともに客観的世界を測定し、認識するために必須不可欠の条件だからである。このことは、『純粋理性批判』第二版の「観念論論駁」の語る、「内的経験は外的経験を前提する」という外的経験（世界）の優位という構図によってさらにいっそう際立ってくる。外的世界の優位は客観的時間（測定する時間）の優位にほかならず、客観的時間とは過去をモデルとする時間にほかならないからである。

こうして、「未来主義」に基づく自己触発論は、カントの自己触発論を正しくとらえているどころか、その正確な転倒である。自己触発を「現在の未来への炸裂」を基本にする「自己の自己への関係の原型」とみなす解釈は、「時間」という言葉を使いながら、その基本性格である測定することと、それによって測定される外的世界（その典型は過去である）の客観的実在性とを無視するものであろう。このように、「私」の未来への態度決定という、「微少原型」のうちに時間や自我や世界の根源が見いだされる、という考えそのものが、まさにカントの自己触発論が否定したところのものである。自己の自己への関係は、カントにおいては、超越論的統覚が内的感官を触発することであり、これは客観的世界の全体の構成を巻き込んでなされるほどの大がかりな作用なのである。

デリダの自己触発論

デリダはフッサールの「自己触発論」、すなわち「自己への現前論」に潜む「声の《見かけの優越性》」（デリダ『声と現象――フッサール現象学における記号の問題』高橋允昭訳、理想社、一九七〇年、一四〇頁）を批判して、自己触発を、はじめからみずからとの「差異」の方向に読み替える。

> 純粋に現象学的な観点からみれば、還元の内側においてはすでに自然的態度と世界の存在措定とを中断したのだから、パロールの過程は、すでにみずからを純粋な現象として引き渡すという特異性をもつ。《自分が話すことを聞く》という作業は、絶対的に独自の型の自己－触発である。
>
> （デリタ、同書、一四八頁）

しかしデリダは、カントを暴力的に「改釈」したハイデガーのカント解釈（『カントと形而上学の問題』）から出発しているのであって、その議論のすべてはフッサール批判になりえても、断じてカント批判にはなりえない。というのも、デリダはカントがみているものと、まったく異なったものをみているからである。

カントにとって「話すこと」や「聞くこと」は経験的な現象にすぎず、超越論的統覚がそれぞれの内的感官を触発することは、こうした経験的事実を可能にするものである。たしかに、フッサール現象学を批判するデリダは、ここに登場する「話すこと」や「聞くこと」が経験的現象であるとともに、それを「超え」、それを可能にするレベルのものであることも自覚している。

たしかにこのような自己－触発は、いわゆる主観性もしくは対自の可能性である。それにしても、このような自己－触発がなければ、いかなる世界もそれとして現れはしないであろう。なぜかといえば、この自己－触発はそれの深みにおいて、（世界のなかにある）音と（現象学的な意味での）声との結びつきを予想しているからである。（同書、一五〇頁）

デリダは、それがなければいかなる世界もそれとして現れないものとして、自己触発を位置づけているが、それを〈いま〉「話すことを自分が聞く」という極限的微小体験に基づかせようとする。

しかし、こうした「微視的根源主義」こそ、カントの敵であると言ってよい。「(外的)世界」は、このような「微視的作用」によって一挙に成立するのではなく、超越論的統覚による綜合的統一という壮大な操作によって成立するのであり、そのような操作をなすことが、すなわち「(特定の)私の内的感官」を触発するのである。言いかえれば、「自分が話すことを自分が聞く」という経験的事実は、超越論的統覚が内的感官を触発するという自己触発作用の典型的な一事例にすぎないのである。

デリダの解する自己触発は、フッサールの理念的〈いま〉に基づく「現前の現象学」批判ではあるが、音を聴くという現象に現れる根源的「差延」(différance)もまた、やはり拡大した「現前の形而上学」にすぎない。むしろ、内的経験との関連でいえば、いかなる端的な直観もない過去の事象を、「私が現に体験したこと」として承認するということが、カント同書の「自己触発」という作用の要《かなめ》なのである。

誰かに向かって話しかけることとは、たしかに〈自分が話すのを聞くこと〉、自分によって聞かれることであるが、しかし、それは同時にまた、もしその人が他人に聞かれるとすれば、他人がその同じ〈自己が話すのを聞く〉を、私が生み出したときのまさにその形のままで、自己のうちで直接的に反復するようにさせる。〈自分が話すのを聞くこと〉を直接的に反復するとは、すなわち純粋な自己‐触発をいかなる外部の助けも借りずに再生するということ

である。　（同書、一五一頁）

デリダの自己触発論は、フッサールの自己触発論の批判に終始しているが、それは（フッサール批判として正当であるか否かを問わず）、カントの自己触発論とはまったく別のディメンションで動いている。超越論的観念論の視野では「他者」は登場してこない。というのは、超越論的統覚が「この私」の内的感官を触発するときに、すでに「他の私」の内的感官ではないことを選択してしまっているからである。

これを言いかえると、超越論的統覚は、もともと触発すべき固有の身体（内的感官）を知っている。なぜなら、超越論的統覚とは、特定の有機体Sが「そこで」言語を学び、その固有の「現存在」を（表面上）捨象して成立したものだからである。すなわち、自己触発とは、超越論的統覚が特定の「内的感官（身体）」に、それがかつて（表面上）捨象した現実性を与え返すことによって、自己に回帰することなのである。

アンリの自己触発論

カントに由来する自己触発を論じながら、カントからの離反は続く。ミシェル・アンリは、「自己触発」を「生の自己触発」としてとらえ直している。

見られるものは生きることから借用しているというだけではなく、見ることとそれ自身が生の一様態でしかない。すなわち、生の自己‐触発がなければ、何ものもけっして見られることはないであろう。

（アンリ『実質的現象学――時間・方法・他者』中孝夫・吉永和加・野村直正訳、法政大学出版局、二〇〇〇年、一六一頁）

生において、また生の自己‐触発によって、そのつど、生きる者がそれであるところの自己体験が生じる、とわれわれは述べる。

（同書、二二四頁）

アンリは、「生の自己触発」に基づいて、ハイデガーの「時間による時間の自己触発」を総体的に解釈しなおしている。山形頼洋は、次のように言う。

そして、自己による触発とは、「時間が自分以外の何ものによっても触発されないということをまず意味する。すなわち本質的には、時間は存在者によっては触発されないという意味である」。（中略）存在者でなければ、何が時間を触発するのだろうか。それは「存在の純粋な地平という形を取った時間自身」である。すなわち、過去・現在・未来という三次元をもつ純粋な時間にほかならない。存在者ではなく、純粋な時間である存在の純粋な地平が時間を触発する。

（山形頼洋『感情の自然——内面性と外在性についての情感の現象学』法政大学出版局、一九九三年、一三六頁）

以上に反して、本論でずっと主張してきたことは、カントの自己触発論とはこうした「微視的根源主義」ではない、ということである。

リクールの自己触発論

超越論的統覚が内的感官を触発するというカントの自己触発論は、ハイデガー→メルロ＝ポンティ→アンリによって、思わぬ方向に解釈されたうえで、議論がつみ重ねられている。こうした中にあってリクールは、自己触発の基本を「私が一本の線を引く」という行為のうちに見ている。

それゆえ、「直線を引く」という例が、まさに「自己触発」のパラドックスを説明する場所へと一挙に戻って来てしまうのは、驚くべきことではない。直線を引くという行為は——円を描く行為や三角形をつくる行為と一体となって——まずもって構想力の超越論的な行為によって内的感官を規定する、数ある例のなかの一例なのである。

（リクール『時間と物語——物語と時間性の循環／歴史と物語』Ⅰⅱ、久米博訳、新耀社、二〇〇四年、八六頁）

一定の空間を構成することによって，私は構成の活動の継時的な性格を自覚する。しかし、私は自分の悟性活動を、それによって私が触発される限りにおいて知るのである。

（同書、八六頁）

すでに第二節で見たように、カントにおいては「私が一本の線を引く」という行為は空間と時間に関連するが、リクールがこれをとくに時間表象に関係づけたのは慧眼である。というのも、「一本の線を引く」には必ず時間がかかるのであって、あらゆる空間構成は同時に時間構成であるからである。

すなわち「私」は、「一本の線を引く」という行為のあいだに体験する内的感じによって、時間にかかわっている。正確に言い直せば、リクールが見通しているように、「私」は「一本の線を引く」という時間の空間化作用を通じて、一定の空間を構成することによって、構成の活動の継時的な性格を自覚する。しかし、私は自分の悟性活動を、それによって私が触発される限りにおいて知るのである。これはカントの自己触発論を、カントの本来の関心にそって解釈したものであり、それとして評価できるであろう。

中野裕考の自己触発論

中野裕考は、『カントの自己触発論――行為からはじまる知覚』（東京大学出版会、二〇二一年）においで、多量の文献を読み込み、精緻な自己触発論を展開している。それは、副題「行為からはじまる知覚」に現れているように、「私」が「線を引く」という行為における能動性と受動性との根源的関係を自己触発のモデルにするものであり、説得力のある論法となっているかのようにみえる。とりわけ中野が、ハイデガー以来の自己触発解釈をフランス現代思想家たちが受けつぎながらも、それはハイデガーの「暴力的解釈」という見解に乗ったままであって、じつは彼らはハイデガーを通して、カントの自己触発の真意を（気がつかないままに）とらえている、という捻れた構造を指摘していることは興味深い。

しかし、中野がフッサールの「受動的綜合」と自己触発とを同一視しているように、その運動する身体中心的解釈は、やはり「現在の運動する身体」を中心にみすえていて、それが「内的経験」という私の過去体験の系列を構成するという、自己触発の広い射程をとらえていないように思われる。すなわち、自己触発を現在の身体運動に限定する限り、「私」が過去の自分のなした行為を、一定の時間位置に位置づけることができるのかが不明なまま取り残されるのである。

この批判は、中野が半ば同意し、半ば批判しているメルロ＝ポンティ、デリダ、アンリなどの自己触発論にも同様に向けられるであろう。ここでは、まさにそれに向けてデリダが矢を放った、「現前の形而上学」が「健全」である。あたかも現在が「そのまま」移行して過去になるかのようであって、なぜ「私」が〈いま〉過去の自分の身体運動を（想起によって）とらえられるか、という根源的問いに入っていかない。

すなわちこの問いは、例えば、「過去化したキネステーゼ」を現在感じるというような、「肯定的」回答をすべて遮断するものである。なぜなら、現在は過去ではないのだから、現在、「過去の感覚」を感じるわけはないからである。この問いには、まさに「現在するもの」と「現在しないもの」との否定的関係を承認しなければ、答えられない。

超越論的統覚と経験的統覚

なお、フッサールは『内的時間意識の現象学』（谷徹訳、ちくま学芸文庫、二〇一六年）において、「もはやないもの」を直接とらえる「レテンツィオン（Retention）」（現在化＝第一次想起）という場面に注目したが、これによって原印象（Urimpression）と、過去形で表現される普通の想起（現前化＝第二次想起）とをつなごうとして失敗した。なぜなら、「レテンツィオン（Retention）」は、幅のある現在の構成部分であって、これをいくら集めても「現在ではない」時としての過去は構成できないからである。

「自己触発」を、超越論的観念論の自己認識論を形成するファクターとみなす限り、それは、現在の知覚あるいは身体運動の根底に潜むだけのものではない。カントの自己触発論を、超越論的観念論という基本構図の中に位置づける限り、自己触発という作用と超越論的統覚との関係を無視するわけにはいかない。自己触発とは、（表面上）現実性が捨象された「超越論的統覚」と固有の身体に宿る「内的感官」との関係、すなわち前者が後者を触発する作用なのであるが、超越論的統覚は実在的・客観的世界を可能にする「私」なのであるから、自己触発とは客観的世界（外的経験）のすべてを巻き込む大がかりな作用なのである。

メルロ＝ポンティやアンリのように、自己触発を生命体の根源的作用とみなす方向は、自我の根源を求めて有機体や生命に辿り着くことになってしまい、言語修得以前の幼児にも、「根源的情態性」としての自己触発が成立していることになってしまうであろう。しかし、「根源的情態性」は「私」にとって不可欠の条件（なぜか、「私」の成立には有機体――とくに脳――が必要であるから）ではあっても、そこから自然発生的に「私」が生ずるわけではない。

「私」の成立には（外からの）「言語の注入」が必要なのであり、それなくしては特定の有機体S1のうちに「根源的情態性」が芽生えたとしても、それはそのままの状態に留まり、「私」への道は封鎖される。すなわち自己触発は、はじめから言語（悟性）をすでに所有している「私（超越論的統覚）」が介入してくる作用でなければならないのだ。「私」は、自己をとらえるには大回りをしなければならない。「私」は自分固有の身体の内部を探っていって「根源的私」にたどり着くのではなく、いったん普遍的な形（超越論的統覚）へと外化する作業を経てはじめて、この固有の「私」（経験的統覚）をとらえうるのである。

第八節　内的経験

1　表象における外的と内的

久保元彦の内的経験論

久保元彦は、カントの「内的経験」に、超越論的統覚とは異なり、デカルトの「コギト・スム」に直結する原理を見いだしている（「内的経験（一）～（五）」、いずれも『カント研究』創文社、一九八七年、所収）。久保はカントのテキストを綿密に読解し、そのうえで「表象」という身分である経験は、いかにして外的経験と内的経験とに区別されるのか、という問いを提起し、考察を重ねている。

これには、①コギトから超越論的統覚への移行と、②超越論的統覚が内的感官を触発する作用という、全体を視野に置かねばならない。久保は、「〈私は考える〉は経験的命題であって、〈私は存在する〉という命題をみずからの中に含むものだ……」という、『純粋理性批判』「演繹論」の箇所を引いて次のように言う。

そこでカントの眼は、ひたすらコギトの上に据えられ、コギトの表裏は矯《た》めつつ眇《すが》めつつ調べられている。当然、この箇所の解釈を避けて、カントの洞察に接近することはできない。しかし今は、ただこう言っておくに留めたい、カントは既に一度、コギトと内的経験とを鋭く切り離した。切り離されたコギトと内的経験の方から、私の存在が真に原初的に了解される次元に向かって、彼が反転し始めるまさしくその場所を引用の文章は標示しているのだ、と。

（久保元彦『カント研究』創文社、一九八七年、一三一頁）

しかし、久保はここで「今は、ただこう言っておくに留めたい」と語りながら、その後、この問題に正面から取り組んではいない。

城戸淳も、久保論文のまさにこの箇所を引用しながら、やはりそこで立ち止まっている（『理性の深淵――カント超越論的弁証論の研究』知泉書館、二〇一四年、一四八頁）。こうした、あまりにも慎重に結論を先延ばしにする態度に反撥を覚えつつ、ここに潜む問題を抉り出してみると、以下のようになるのではないだろうか。

コギトはある現存在の感じを伴った経験的命題であるが、超越論的統覚はこの「現存在の感じ」を（表面上）捨象して成立する「私」である。そして、超越論的統覚は時間・空間とカテゴリーという形式によって経験を構成するのであるが、その場合の経験とはじつは外的経験であり、ニュートン力学が示すような統一的な実在的・客観的世界である。

「演繹論」において、「私の現存在」は登場するとすぐさま超越論的統覚に席を譲って退場しているのであるが、としても、それは消え去ったわけではなく、私の「現存在」に由来する現実性を（表面上）「捨象した超越論的統覚」が「内的感官」を触発することにより、「内的経験」というあり方に変身して蘇ってくる。こうして、コギトの明証性に基づく「私の現存在」は、超越論的統覚による客観的世界（外的経験）の構成を迂回して、「内的経験」として構成されるのである。

根源的な内的関係

こうして、〈いま・ここ〉に現存在する私は、最後まで超越論的統覚に呑み込まれずに超越論的観念論を支えている。そして、その最も基本的なあり方は、内的経験の構成によってはじめて明らかになってくるのだ。「内的感官」の「内的」は、まさに「私」をとらえる（感じる）感官であって、時間が「内的感官の形式」と呼ばれるのは、時間とは内的に、自己自身のかつての体験に（例えば、想起によって）到達する形式だからである。すなわち、現在における「私」と過去における「私」との時間的に隔たった関係が、根源的な内的関係として浮き上がってくる。

しかも、こうした内的経験が、空間化された時間に馴染まないことをみずから示している。それは、空間化された客観的時間と「並んで」実在するものではなく（その場合、一つの実在的世界と、そこにおける一通りの物理学的法則とは崩壊するであろう）、といって内的経験は「主観的実在性」という、もう一つの実在性をもつわけではない。じつに内的経験は、それ自身いかなる実在性ももたないのである。つまりそれは、〈いま〉「私」が外的経験のそれぞれの時間位置に付着させた後に、あたかも「そこ」から（大森荘蔵の言葉を使えば）「立ち現われる」かのようにみなすだけのものである。以上のように語る久保元彦も、このことを自覚していたようであるが、（カントと同様）それ以上、思考を推し進めなかった。

それ故にまた、内的経験の時間も、生起する無数の表象を乗せて、まっすぐに延びている一本の軌道ではありえない。（久保、前掲書、一三〇頁）

真摯な考察にもかかわらず、久保が「内的経験」の考察において袋小路に留まり続けているのは、「内的経験」にかんして、想起すなわち現在と過去との根源的差異を視野に入れていないからではなかろうか。「内的経験」は、むしろ客観的時間の図式に反する方向に進むのであり、現在の知覚や行為や感情よりも、むしろ過去の想起においてはじめて、その固有の本質が開かれるのだ。この点を指摘して、次に（「第二節　超越論的統覚」においても触れたが）『純粋理性批判』第一版から第二版への書きかえについて、立ち入って考察することにしよう。

2　観念論論駁

第一版の観念論論駁

『純粋理性批判』第二版の「序論」で、カントは次のように言っている。

この第二版に関しては、当然のことながら、私はこのさい〔第一版における〕難解な箇所と不明瞭な箇所とをできるだけ取り除く機会を逸したくなかった。こうした箇所から、あるいは私にも責めがあったかもしれないが、本書の評価において聡明な人々のあいだで起こった、いろいろな誤解が発生したらしい。（B XXXVII）

「誤解」とは、『純粋理性批判』第一版刊行当初に Chr. ガルフェ、J・G・H・ファーダーなどの書評によって、カントの立場がバークレィと同様の「表象一元論」であると誤解されたことを指している。彼らは、カントの超越論的観念論を、「私の現存在」は疑いえないが、その「そと」に諸物が現存することは疑いうる（デカルト）、ないしそれは誤謬である（バークレィ）とする見解、すなわち（カントの言葉によると）「経験的観念論」にほかならないと誤って解したのである。

なお、この場合の「経験的観念論」とは、外的経験と内的経験とのあいだには因果関係が成立していて、結果としての内的経験の存在は（表象として）コギトの明証性によってその確実性が保証されているが、内的経験の原因としての外的経験の存在は（結果の確実性だけでは、原因の確実性が保証されないゆえに）疑わしいという理論である。こうした前提を踏まえて、カントは超越論的観念論が経験的観念論とは異なることを示すために、外的経験と内的経験とのあいだのこうした因果関係を廃棄し、外的経験も内的経験と同様に直接与えられて、かつ外的経験もコギトの明証性によって、その表象としての存在は確実に保証されるとした。

（前略）外的対象も内的感官の対象もともに表象にほかならず、その直接の知覚（意識）は同時にその現実性の十分な証明である。（A 371）

しかし、まさにこのことが Chr. ガルフェ、J・G・H・フェーダーらによって、バークリィ流の観念一元論（現象主義）と誤解されたのである。カントの側からみると、想像を絶した誤解であるが、「超越論的」という語彙が了解できない（拒否する）者にとってはごく単純な誤解である。というのも、外的経験が内的経験と同様に表象にすぎないということでは両者ともに一致しているのであるが、カントにとっては、その表象は超越論的意味における表象であるのに対して、批判者たちは当然、それを経験的意味における表象と理解してしまったからである。

言いかえれば、カントは外的経験を超越論的統覚にとっての表象とみなしたのだが、批判者たちは、当然のことながら経験的統覚にとっての表象とみなしてしまったのである。よって、カントが、外的経験も内的経験と同様に、「直接の知覚（意識）は同時にその現実性の十分な証明である」と宣言していることを、批判者たちが外的経験も経験的な意味における「私の表象のうち」に存していると解したことは、むしろ当然だと言ってよい。これに関して、カントは超越論的視点と経験的視点とを区別して次のように宣言するが、これも容易に当時の哲学者たちの理解を要求できるものではあるまい。

これに対して、超越論的観念論者は経験的実在論者であることができる。すなわち、いわゆる二元論者であることができる。（A 369）

第二版の「観念論論駁」

こうした無理解に対して、カントはかなりのショックを受け、超越論的観念論を経験的観念論からさらに鮮明に区別しうる、新たな論法を提示しなければならないと考えた。それが第二版において、「現実性の様相」の中に差し込まれた「観念論論駁」であるが、こうした文脈からみると、その位置とその主張の変化とは超越論的観念論の中核に関する問題であると言ってよいだろう。

ここに重要なことは、カントは第二版の観念論論駁によって、本来の超越論的観念論を「いっそう明確化した」（B XXXVII）と考えていることであり、第一版からの変更とは考えていないということである。

こうしたカントの視点に立つと、第一版の「観念論論駁」は外的経験と内的経験との「二元論」をそのまま容認するだけであって、両者の関係が明確ではない。すなわち、物体的世界と心的世界とをただ前提したうえで、前者に「外的」、後者に「内的」を割り振っている段階に留まっている。たしかに、カントは第一版において、超越論的意味における「内的」と経験的意味における「内的」との区別を意識していたが、論述は、外的経験を超越論的な意味においては「内的」であるが、経験的意味においては「外的」であると宣言するだけであって、超越論的意味における「内的」と経験的意味における「内的」との区別が、不明なまま取り残されてしまった。

これに呼応して、第一版では「経験一般」と語りながら、その意味するものは外的経験だけであって、内的経験そのものを直視することがない。しかし、カントは第二版で外的経験と内的経験とが単に並列的二元論を形成するのではない、ということを意識するとともに、内的経験と外的経験との関係をあらためて主題にした。こうした脈絡で、第二版の「観念論論駁」を解釈することが必要であろう。なお、これに連関して付言しておくと、第二版の「演繹論」において「自己触発」の議論が表面化するのも、このことに直結する。

カントは、第二版において「観念論論駁」の場所も変え、「演繹論」から「第四原則」である「現実性の原則」のうちに移行している。

これに呼応して、カントは、第二版の「序文」において、「心理学的観念論に関する新しい論駁」（BXXXIX）を付け加えたとは言っているが、「証明法」（BXXXIX）の仕方を変えただけだとしてもいる。これは、自己弁護の色彩が強いであろう。というのも、どう考えても第一版において外的経験と内的経験との、二元論の「証明法」が与えられていないからである（あえて与えられているとすれば、ただ「両者は表象として同じ存在論的身分をもつ」ということだけであるが、これは前提であって証明法ではないであろう）。

そして、第二版においてカントがなしている「新しい論駁」は、「証明法の仕方」を変えただけとは言えず、じつのところ超越論的観念論における外的経験と内的経験との二元論の意味を、第一版から大きく変更するものである。その「証明法」はいたって簡単なものであり、外的経験こそが「直接的に」与えられ、内的経験は外的経験を経由して間接的に与えられると主張する。

こうした紆余曲折を経て、第二版における「観念論論駁」の「定理」は次のものである。

> 私自身が現実に存在しているという、単なる（bloss）、しかし経験的に規定された意識は、私の外なる空間中の諸対象が現実に存在していることを証明する。（B275）

この「定理」において注意すべきことは、「私自身が現実的に存在している」ことの意識に、カントが「しかし経験的に規定された意識」という限定を加えていることである。これは「内的経験」と言い換えることができ、よって、この定理の骨子は、内的経験がそのまま「私の外なる空間中の諸対象が現実に存在していること〔外的経験〕を証明する」となる。そして、未来や現在における「経験的に規定された意識」はありえないがゆえに、これは、「過去において経験的に規定された意識」に特定化されるであろう。以下、この解釈の線に沿って、カントの超越論的観念論におけるこの定理の位置を見定めることにしよう。

渋谷治美による第二版「観念論論駁」の解釈

渋谷治美は、第二版の「観念論論駁」の「定理」を独特の観点から解釈している。それは、「私自身が現実に存在している単なる意識」と、「私自身が現実に存在している経験的に規定された意識」とを区分して、前者を「純粋統覚」、後者を「経験的統覚」と読み替えるという技巧的な解釈である。

というのも、「単なる（bloss）」と「経験的に規定された（empirische bestimmt）」という概念は、「カンマ」で区切られているからであって、渋谷はここに以下の解釈の端緒を見いだす。そのうえで渋谷は、「純粋統覚」と「経験的統覚」とは直結せず、そのあいだには「外なる空間中の諸対象」、すなわち外的経験が介在しなければならないと解する。その趣旨は本書の方向と共通しているが、この「定理」の解釈としては無理がある。なぜなら、「私自身が現実に存在している単なる意識」（傍点、引用者）は、「現実的に存在する」かぎり、「現実性」を（表面上）捨象した「純粋統覚」ではないからである。そもそも、こうした解釈の前提として、渋谷は“bloss”を“rein”と置きかえているが、“bloss”は元来、「裸の、剝き出しの」という意味であって、この場合は「私自身が現実的に存在していることが、そのまま（いかなる媒介も要さずに）……」と副詞的に訳すべきである。そして、「……そのまま、〔カンマ〕しかし経験的に規定された……」というう「カンマ」の使い方は、「私自身が現実的に存在していることが、そのまま私の外なる空間中の諸対象が現実に存在していることを証明するものである」と、すでにカントの頭にあった文章に、「未規定的ではなく、経験的に規定された」という補足的限定を加えた、とみるのが妥当である。

では、これで超越論的観念論は、現象一元論と区別された固有の意味をもちうるであろうかと問うと、「否」と答えねばならない。外的経験が直接与えられ、内的経験は外的経験を媒介として間接的に与えられるとしても、やはり外的経験も内的経験も同じ表象であるという存在論的身分は維持されるのであるから、表象という同じ存在論的身分における「内的・外的」の区別は依然として明確ではないのである。むしろ「外的」と「内的」との区別を、「直接的」と「間接的」との区別に言いかえることによって、問いはますます先鋭化されてくる。というのは、内的経験こそ、コギトによって端的に直接的に与えられることは、依然として自然な了解をもたらすからである。よって、この大逆転がはたして成功しているかどうか、さらに踏み込んだ解明が必要であろう。

ここで、外的経験と内的経験という枠内で、なぜ前者が「直接に与えられ」、後者がこれを通して「間接的に与えられる」だけなのかという問いに限れば、この問いに答えることはさほど難しくはない。この場合、まず注意すべきことは、先に述べたように、内的経験を外的経験と並ぶ特定の対象領域と考えてはならないということである。内的経験は、外的経験に属さない対象についての経験ではない。むしろ、それは外的経験に属する対象領域の一部なのであり、外的経験の一定の領域に「私」が現に経験していること、経験したこと、すなわち「私」が「私の身体」をもって現に行為したことを根幹とし、それに加えて「私」が思考したこと、感じたこと……など「私」の意識作用のすべて、すなわち私が現になしたことのすべてである。夢や幻でさえ、反省的に「夢を見た」とか、「幻を見た」と言えるのであり、その限りその体験は「いつか」生じたのであって、やはり「私」が現に夢みたのである。

観念の二重性

内的経験の形成は、外的経験を遮断しては成立しない。向こうにある一軒の家H_1を、私が知覚するとき、「私」はまさに「私の身体」が位置する〈ここ〉から独特のパースペクティヴをもって知覚する。この場合、この特定のパースペクティヴP_1およびそこに生ずる知覚像——フッサールの用語では射映（Abschattung）はH_1の（現象的）存在を前提するであろう。そして、いかにH_1をさまざまな角度から観察しても、それらの知覚像の束からH_1を構成することはできないであろう。この意味で、まさにH_1は直接的に与えられ、H_1の知覚像W_1、W_2、W_3……はH_1を介して間接的に与えられるのである。

　過去の事象を想起する場合も同様である。一〇年前の夏に、私がニーチェの故郷であるナウムブルクを訪れたこと、これが夢幻ではなく、現実の経験であるということは、さまざまな証拠や証言から確認できるのであるが、何よりもそのとき私が「見た」ニーチェの家の中の階段やテラスなどは、客観的時間・空間に位置づけられる客観的諸物体であり、その限りそれらは他の緒物体との因果関係、あるいは相互作用のもとにあって、「一つの経験（外的経験）」のうちに位置づけられるからである。このとき私は、私が「見なくても」、ニーチェの家は「そのとき、そこに」存在するが、逆に物体としてのニーチェの家が、「そのとき、そこに」存在しなければ、私はそれを「見る」ことができない、ということも了解している。

『純粋理性批判』第二版で「現実性の要請」の中に挿入された「観念論論駁」は、この常識ともいえる優先関係を語っているだけである。カントが論駁している相手は、（バークリィのように）知覚の背後には物体としての家は存在しない、とか、（デカルトのように）それが存在するかどうかは疑わしい、という見解であって、カントはこれを「（経験的）観念論」と呼んで批判している。

　これらに対して、カントの提唱する「超越論的観念論」においては、外的経験における客観的物体としての家も観念（1）であり、私がそのとき「見た」その家のさまざまな姿（知覚像）も観念（2）なのだが、両者が対等に並んでいるのではなく、観念（2）が観念（1）に依存するような関係がここに成り立っているのだ。

観念（1）と観念（2）という観念の二重性は、実在的・客観的世界を観念とみなした超越論的観念論がもともと背負わねばならない二重性である。もともと「観念」とは「外」からの刺激をとらえる「うち」の知覚世界なのであり、これはドイツ語の「表象（Vorstellung）」という言葉にさらに明確に現れている。すなわち、「表象」とは意識の「前に立てること」、ないし「前に立てられたもの」であって、それは奥行きのある二次元世界である。それが超越論的観念論においては、物理学の描く物体の三次元世界と重ね合わされている。

例えば、「私」が目前の家H_1を見るとき、物体としてのH_1と、「ここ」から見られた家の知覚像＝表象とが重ね合わされ、ここにパースペクティヴは消去され、超越論的観念論の「うち」で行き場を失う。そして、このことに、t_1、t_2、t_3……という物理学的・客観的時間において、現実の〈いま〉や、もはや現実にはない、かつての〈いま〉が行き場を失うことが並行している。

こうした行き場を失ったパースペクティヴを、「内的経験」においてカントは再登場させている。すなわち、〈いま〉現に「私」が見ている家H_1の知覚像W_1、後に想起するH_1の想起像E_1は、物理学が描き出す外的経験から追放されながら、外的経験に完全に依存するかたちで内的経験の「うち」に組み込まれるのだ。これこそ、超越論的統覚（という「私」が）が内的感官（という「私」）を触発することによってである。

しかも、この自己触発によって登場した内的経験は、外的経験とは独立の実在性をもつものではない。それは、物理学的に実在性はゼロであるが、といってそれとは別の心的実在性をもつわけではない。〈いま〉「私」が、現に眼前の家H_2を「見ていること」、〈いま〉さっき見た家H_2を現に「想起していること」は、外的経験の対象であるH_1、H_2の実在性を何ら増やすことはなく、実在的・客観的世界に〈いま〉現存する「私」からの視点が加わっただけである。

「私」の二重性

とはいえ、コギトは超越論的統覚に全面的に吸収されるわけではない。超越論的統覚は〈いま・ここ〉に「現存在する私」そのものではないが、それが〈いま・ここ〉に「現存在する私」と何らかの関係になければ、いかなる意味でも「私＝自我（ich）」ではないであろう。まさにここに、「私」の二重の意味が潜んでいる。超越論的統覚は、実在的・客観的世界＝外的経験を構成する限り根源的であるが、それも「私の現存在」に関連しなければ「私」という意味を失う。

こうして、カントは『純粋理性批判』第二版の「観念論論駁」において、観念（経験）の二重性の問題をテーマにすることによって、それまで水面下に隠れていた「私」の二重性、すなわち超越論的統覚と「私の現存在」という二原理の、どこまでも融合できない関係を開示した。「私の現存在」は、デカルトの「コギト・スム」を受継いだ〈いま・ここ〉に端的に現存在する「私」の明証性の原理である。そして超越論的統覚は実在的・客観的世界を構成する「私」である。これは、ユークリッド幾何学とニュートン力学との、客観的説明能力の威力を背景にして成立している。

あまりにも異なるこの二原理を「私」が統合することができるのか、という難問は、「観念論論駁」によって照らし出されることになった。デカルトの伝統を受け継いだ「私の現存在」の直接的明証性と、現実性を（表面上）捨象した超越論的統覚の根源性とが、融合しえないかたちで対立している。そして、この対立は超越論的観念論の枠内では解消できない。

以上の確認のうえに、次に「外的経験」とはまったく存在論的身分も異なり、相貌も異なる「内的経験」を立ち入って考察することにしよう。

3　内的経験の存在論

最高原則

外的経験が内的経験より優位に立つという関係は、「原則論」における、「経験を一般的に可能にする諸条件は、同時に経験を可能にする諸条件である」（A158, B193）という「最高原則」に直結する。この命題における「経験（Erfahrung）」という名詞は、「経験すること（Erfahren）」を表している。よって、これは「経験することを一般的に可能にする条件は、同時に経験することの対象を可能にする条件である」という意味に解さねばならない。

これは、日常的な経験をモデルにするよりもむしろ、物理学上の観測をモデルにして考えてみればいい。われわれが一定の限られた条件のもとに対象を観測するとき、その観測の条件をなしているものが、同時にその対象が何であるかの条件になっている。例えば、眼前の物体K_1の運動を、空間中における場所の変化とその変化の仕方（加速度）だけを条件にして観測する（経験する）とき、その対象としてのK_1は、ただ空間中における場所の変化（速度）と変化の仕方（加速度）のみを性質としてもつ対象だというわけである。その場合、観察の条件をなすものが観察の対象の条件となっている。

カントは、このモデルをカテゴリーに応用して、例えば因果律のカテゴリーをもって、対象を経験（観測）する条件は、同時に因果律に従う対象の条件である、という関係を「最高原則」とみなしたのである。この場合、重要なのは、観測している者の他のあらゆる条件が捨象されるということである。観測の結果は、いかなる観測者が観測しても同一であるようなものでなければならない。

しかも、とりわけ重要なのは、この構図のもとでは、観測者の位置さえも消去されるということである。ある現象E_1をAがある地点（X_1）から、Bが別の地点（X_2）から観測するとき、E_1の状態は同一でなければならず、X_1「から」の光景V_1と、X_2からの光景V_2との差異性は位置の差異性に解消されて、V_1とV_2そのものは消去される。つまり、知覚風景はすべて対象の状態から排除されるのである。この意味で、対象の状態は直接的であって、知覚の状態に優先するのであり、知覚の状態は対象の状態を介して間接的に与えられるだけである。

次のように言いかえてもいい。知覚が夢や幻覚でないのは、それが（客観的）対象をとらえているからなのであって、知覚にはもともとその対象が客観的対象（物体）であるという意味が含意されているのである。

こうして、じつのところ「原則論」で論じられている「経験」は外的経験のみであって、カントはそこで内的経験については一顧だにしていない。外的経験は同時に自然なのであって、しかもその自然とは諸物体（諸粒子）が一定の法則にしたがって運動する、ニュートン的自然である。その基本構図をここで確認しておこう。それからは、まずパースペクティヴが消えている。あらゆる対象（物体）は、任意の原点を設定し、そこからデカルト座標を立てて計測されるだけであって、「～から」の見え姿は完全に消去されている。

よってこの場合、経験の対象は運動ないし静止する諸物体であるが、「経験すること」はそうした諸物体を「測定する」こととほぼ同義となるのである。

以上の連関において、超越論的統覚は、思考の形式であるカテゴリーと直観の形式である時間・空間とによって外的経験を構成し、その外的経験における対象をある位置から観測することが知覚なのだが、この場合、知覚の対象だけが外的経験に割り振られ、知覚作用と知覚内容（光景）とはそこから振るい落とされる。

そして、これらはあらためて、超越論的統覚が内的感官を触発することによって取り戻される。

「私」が一つの対象系列である客観的系列、外的経験を構成すること、それ自身が、「私」の固有の体験系列（内的経験）を構成する。よって一方で、「私」が外的経験を構成できなければ、内的経験も構成できない。しかし他方、「私」が内的経験を構成できなければ、すなわち客観的・実在的世界しか構成できず、客観的時間を正確に位置づけることはできるが、「そこに」過去の記憶に基づいて固有の経験系列を書き込むことができなければ、「私」は「(人間的)私」ではないであろう。

内的経験は、外的経験と隔絶した、純粋に主観的な世界ではない。内的経験も「経験」である限り、それぞれの経験内容は外的経験と対応した客観的時間に位置づけられねばならない。そしてこの場合、外的経験とは、外部世界からの身体への刺激に基づく知覚や観察、および外部世界への身体をもっての自由な働きかけであり、このことが内的経験の形成にとって必須不可欠なのである。「私」は、これまでずっと固有の身体（L_1）を通じて外的経験の対象と接してきたのであり、そのうえで「私」は〈いま〉あらためてその外的経験に重ね合わせて、自分が現になしたことの系列である内的経験を構成するのである。

内的経験とカテゴリー

内的経験には、思考の形式としてのカテゴリーも、直観の形式としての空間・時間も（少なくとも直接的には）適用されない。「感性論」と「演繹論」とを合体させる「図式論」を経て、「原則論」は実在的・客観的世界の基本構造を語るものであるが、そこで議論されているのは外的経験だけであり、最後の「様相の原則」の二番目、「現実性の原則」に至って、はじめて内的経験が登場してくる。しかし、それは内的経験が外的経験によって間接的に与えられるという、『純粋理性批判』第二版で挿入された「観念論論駁」においてである。

以上のことから、あらてためて問うてみると、内的経験に量や質のカテゴリーが適用されるであろうか。カテゴリーにおける量や質とは、（客観的図形）や物体の量（面積や体積）ないし質（濃度、質量、運動量や力など）であって、これに加えて「私固有の」量や質が与えられているわけではない。同様に、「私固有の」実体や因果関係が与えられているわけではない。内的経験は、カテゴリーが適用される外的経験を介してカテゴリーを受け取るだけである。

向こうに見える家H_1は物体であり、外的経験の対象である。それには量・質・関係のカテゴリーが適用され、そのうえで観察によってH_1に固有の経験的な量・質・因果関係が付与される。これら外的経験に属する「家」およびその属性をすべて捨象すると、そこにさらに内的な家（例えば、H_1の「心象」）が残留するわけではない。さらにこの場合、H_1の〈ここ〉からのパースペクティヴ、およびその見え姿（フッサールの言葉では、「斜映」）がこちら側に配置されるわけではない。〔第六節で確認したように〕じつに超越論的観念論においては、これらすべては行き場がなくなるのである。

内的経験と空間

超越論的観念論における空間論・時間論において根本的なことであるが、空間も時間も「一つ」しかない。まず、「空間」についていえば、それはニュートンが語るような物理学的空間であり、ユークリッド幾何学もまた、「そこ」で成立する。それと別に「幾何学的空間」が存在しているわけではなく、あらゆる作図も一つの客観的空間においてなされる（このことは、すでに確認した）。こうした空間論を基盤にしてみると、客観的空間とは別に内的経験に固有の空間が存在するわけではない。

また、「私」が過去の事象を想起するとき、「そこ」に広がっているのは「一つの客観的空間」であって、それとは別の「主観的空間」ではない。よって、この線に沿って考えていくと、じつは知覚の場合と同様に「私」が〈いま〉H_1を思い出すとき、その固有のパースペクティヴも射映（これらを総じて「表象」と呼ぶことにする）も空間ではないことになる。私が現に体験したことは、客観的時間における一定の位置に存在するのであるが、そのときそこに客観的空間と並んで、「私の身体」からの光景や、〈いま〉からの表象が存在しているわけではない。

もし存在しているなら、それらは独特の実在性をもったものとして、物理学の保存量に加えねばならないことになり、物理学の法則に反することになるであろう。そうでないとすれば、それらは実在性がゼロなのであり、物理学的には無であることになる。もちろん、対象から瞳孔に入る電磁波も、「私の身体」の内部の神経系も大脳も、実在的である。しかし、その表象自体（なつかしい小学校の校舎やウィーンの下宿部屋）は、いかに空間的に開かれているような感じがしても、実在的ではないのである。

〈いま〉「私」が対象を知覚している場合は、その知覚を生じさせる物理学的変化は、客観的空間の「うち」で生じている。しかし、〈いま〉「私」が過去へと戻り、過去の対象や出来事をとらえるわけではない。大脳の状態は、原理的に過去を呼び起こすことができない。なぜなら、「私」が現に、自分がなしたことをはじめ、過去の出来事を思い出しているとき、大脳の「なか」の物質はすべて「現在」だからである。現在の物質が「過去」をそのうちに「入れておく」ことはできない。こうして、想起の問題は、過去という場面で、心身問題というアポリアをふたたび浮き立たせ、超越論的観念論のうちでは、これの解決はいっこうに見当たらないのである。

内的経験と時間

次に、（客観的・実在的世界＝外的経験ではなく、）内的経験における時間とは何かを考えてみることにしよう。外的経験における時間は、古典力学的（ニュートン的）時間であった。それは時間順序のみに着目した時間である。その時間とは、ニュートンの運動方程式に登場してくる時間（t）にほかならず、そこには現在・過去・未来という時間の根源的様相が書き込まれていない。言いかえれば、それぞれの時点が「可能な現在」であり、「可能な未来」であり、「可能な過去」であって、現実の現在・過去・未来には立ち入らない。任意の〈いま〉を起点にすれば、それ以前は過去であり、そのあとは未来であるにすぎず、その場合、〈いま〉を起点にすることそれ自体は、この物理学的時間の「うち」には存していないゆえに、物理学的時間から導かれることはない。しかし、現在・過去・未来を欠いた時間は、時間ではないゆえに、現在・過去・未来を時間のうちに取り入れる操作が別に存するのでなければならない。そして、この操作は「私の現存在」の端的な感じ以外に基づくことはない。「私の現存在」が、現実的な〈いま〉を開くのである。

しかも、その核心は知覚ではなく、想起である。〈いま〉ありありと過去の出来事を思い出すとき、「私」は現在と過去との根源的関係を体験するのであり、これがすなわち現実的な〈いま〉の体験なのであり、同時に現実的過去の体験なのである。そして、そうした想起系列を、外的経験の客観的時間に対応させて形成した系列こそ、内的経験なのである。

振り返ってみれば、「感性論」から「原則論」の「第三原則」までは、物理学的時間しか論じられていない。すなわち、その時間には（ニュートン力学が描き出す世界のように）t_1、t_2、t_3……という時間順序しか刻まれておらず、現実的な現在も、現実的な過去も登場してこないのである。

現実的なものとは何か、あらためて考察してみよう。眼前の家H_1の光景（知覚像）W_1、W_2、W_3……は、H_1の位置する客観的場所「から」現象してくるが、それ自身、実在性をもたない。

では、これら知覚像W_1、W_2、W_3……は、なぜ夢や幻ではなくて経験なのであろうか。(現象的に)実在する対象H_1の知覚像だからである。

この場合、この〈いま〉の知覚体験の集合がそのまま外的経験であるように思われるが、じつはそうではない。カントが考える外的経験とは、「経験の可能性」によって可能になる「可能なる経験」そのものであって、それは知覚体験を除いた物体の連関だけの物理学的世界である。ここから、あらゆる知覚は排除されている(でなければ、どうして「一つの」経験が構成できるであろうか)。

現実的な過去は、〈いま〉「私」が端的に想起することに基づいている。「私」は〈いま〉現存在し、私の体内(大脳も眼球も)すべて〈いま〉あるにすぎないのに、なぜ過去の知覚体験に基づいて、その光景を想起することができるのか。こう問うた瞬間に、「私」は物理学をはじめすべての自然科学が依拠している、客観的時間から身を離すしかない。そして、その代わりに〈いま〉、私は過去の事象の光景に何らかの仕方で「直接」到達しているというピクチャーを挿入する。しかも、このピクチャーは怖ろしく荒唐無稽な図柄ではなく、じつは日常的に私たちがごく自然に認めている世界像であることに気づく。

ニュースはすべて過去の事件を報道し、その画像も過去の画像である。あらゆるところに過去の写真や録画や録音があり、あらゆるところに歴史的建造物があり、博物館があり、古びた物があって、「私」はそれらを異様に思うことはない。「私」は、一方で自然科学が依拠している客観的時間を承認しながら、他方で過去の証拠物を承認している。その「私」が〈いま〉さまざまな事象を「過去に現にあったものとして」認識することができる。この特有の認識の中核には、「私」が〈いま〉「私がなした固有の過去の体験」を端的に想起するという作用が位置する。もしこの能力が「私」に欠如しているならば、「私」は、現在与えられているいかなるもの（録画、録音、証拠物件……）も、「過去の」証拠として認めることはできないであろう。しかし、これらの膨大な事象が、「かつてあったこと」であると「私」が理解しうるその根源を探ってみれば、「現存在」の端的な感じに基づくほかはない。これは、フッサールによれば、「過去把持（Retention）」と呼ぶ「第一次想起」（〈いま〉刻々と流れる音楽を聴いている場合）と、普通の想起である「再想起（Wiedererinnerung）」、あるいは「第二次想起」（時間が経って、音楽を想い起こしている場合）であるが、前者は〈いま〉なのであって、「過去」はむしろ後者の想起において現出してくる。現実的過去の原型は、〈いま〉音の残響をまったく耳にしていなくても、「私」が明晰かつ判明に「音がした」と語れるところにある。

端的な想起による知識は、それ以外の知識とは根本的に異なる。外的世界の対象と「私」とは混じり合あわずに対立している。「外的経験としての海水浴」は、あるとき、ある場所で起こった（太陽の光線から私の身体への、運動を中心とした）ある物理学的出来事の総体であるが、そのときに、こうした物質の運動によって記述することに留まらない、「浜辺でじりじりする太陽の強烈な光を受けていたこと」は、「私の現存在」固有の体験である。しかも、その外的経験は客観的時間上の別の時点に移行しても実在的であるのだが、この知覚体験はその移行とともに（知覚的）現実性を失いつつ〈いま〉「思い出す」というかたちで、新たな（想起的）現実性を獲得するのである。

では、このように〈いま〉思い出しうる内的経験がそのまま実在するのであろうか。この場合、内的経験を一挙に人間各人の「うち」なる経験というように平均化してはならない。この「私」と他の「私」とを均等化したうえで、何らかの実在性を求めること自体が超越論的観念論の基本構図に反する。超越論的観念論は、この「私」と他の「私」とを等しく見渡す（まして感ずる）視点をもっていない。内的経験一般というようなものはなく、人間の数だけの内的経験もない。そのとき、カントが与えた「現存在の感じ」を伴う「内的」という言葉の正確な意味は、失われるであろう。空間的図式をもってそれに代えてしまい、「内的」の本来的意味を覆い隠してしまうであろう。

内的経験は実在しない

外的経験とは、三次元空間の「どこか」と一次元時間の「いつか」に位置している現象相互の関係から成っているのであるから、そこでは現に起こったことを、まだ起こっていないことから区別することはできない。外的経験を貫く客観的時間は、それぞれの時間的位置の系列にすぎないのであって、すべての時点は可能的に過去であり、現在であり、未来であるのだから、「現実性」

という概念の中核をなす現実的過去はいっさい登場しえない。しかし、「私」が住む世界には現実的な過去世界が成立しているのであり、よって、これが幻覚でない限り、その中核に現実的過去世界一般を可能にする「私の内的経験」が成立しているのでなければならない。

なお、現実性の領域においては、未来とはまだ現実的ではないことであるから、「未来の内的経験」はありえない。いや、現在の内的経験もないのだ（現在の瞬間的な思考や知覚は「経験」ではない）。しかも、カントの場合、「経験」にはすでに客観的系列が埋め込まれているのであって、その意味で内的経験も外的経験を通じてカテゴリーのもとに秩序づけられている。すなわち内的経験とは「私の過去の現実的な経験の客観的系列」であり、それと〈いま・ここ〉で「現存在する私」との関係こそが内的関係の基本である。これを言いかえれば、過去に現に体験したことを、「私」は〈いま〉端的に想起できるのであり、これこそが内的経験の根幹である。

これを考えるのに、次の思考実験をしてみよう。私がなんらかの理由で、彼固有の「現存在の感じ」を伴う体験記憶（ベルクソンの言う、「エピソード記憶」）を失っているとする。私は報告された過去のさまざまな出来事を理解でき、それぞれの行為に対してもその行為主体を特定できる。しかし、「私」はいかなる行為に関しても、「自分が現にした」という端的な記憶をもっていない。この場合、「私」の周囲の人々LやMやNが、いくら「私がそこでその行為をした」というさまざまな証拠（録画や録音など）を準備し、さらにそれぞれの記憶に基づいて正確な証言をしたとしても、それらは総じて「私」の外的経験であって、内的経験を証明したことにはならない。つまり、内的経験が夢や幻ではなく、ある種の存在を有することを決定するのは、「私」の端的な記憶のみなのである。

このことは、内的経験には「持続するもの」が欠けているゆえにカテゴリーを直接適用できない、ということに呼応する。内的経験は端的な意識の流れなのであり、それが外的経験と対応することによって、はじめて「一つの経験」に組み込まれる。しかしここで、「それ故内的経験と外的経験もまた、根本において同一の経験がとる、二つの向きにほかならない」（久保、前掲書、一二二頁）というように、内的経験と外的経験とを一挙に対等にとらえるとき、ここに潜む固有の問題がみえなくなる。たしかに外的経験も内的経験も「根本において同一の経験」なのであるが、外的経験のほうに内的経験を重ね合わせるのであって、けっして逆ではない。

以上の考察に基づいて、内的経験とはいかなる存在論的身分をもっているのか、あらためて検討してみよう。「私」が固有の体験をするとき、外的世界は物理学的諸対象とその連関から成る経験的実在性を有している。「私の身体」もまた経験的実在性を有する物体であり、その内部もまた経験的実在性を有する物体（物資）から成っている。しかし、これらすべてを合わせても内的経験は成立しない。内的経験とは、私が〈いま〉思い出す「真夏の江ノ島海岸で、じりじりする太陽の強烈な光を受けていた」と記述できる過去の特定の光景であり、そのときの特定の感情（身体感覚）であり、そのときの特定の思考だからである。それらは物理学の対象ではない。

なお、これら内的経験は「客観的妥当性」をもたないのであるが、「客観的妥当性」とは別の「主観的妥当性」をもつわけではない。内的経験は夢や幻、あるいは想像のように、外的経験から切り離されたものではない。それらは現に「私」が知覚した外的諸対象の想起のように、外的経験に「ついての」経験なのである。だが、こうした内的経験が直接、因果律のカテゴリーに従うわけではない。「私」がある運動をする対象 G_1 のある時点 t_1 での状態 Z_1 をみたときの知覚像を W_1、その後の t_2 における同じ対象の状態 Z_2 の知覚像を W_2 としよう。この場合、Z_1 と Z_2 とのあいだには因果関係が成立するが、W_1 と W_2 とのあいだには成立しない。

超越論的観念論は、因果関係 K_1 の成立する外的経験のほかに、別の因果関係 K_2 が成立する内的経験を認めているわけではない。その場合、物質や運動量などの保存則が成立している客観的世界は崩れるであろうし、それを支える一つの超越論的統覚も崩壊するであろう。すなわち、内的経験は外的経験からは区別されるが、あくまでも外的経験に依存する（そのあり方は外的経験を前提する）のであり、それだけを外的経験から切り離して取り出せるものではない。

このことは、そのまま想起の場合にも当てはまる。「私」が昼間（t_1）、H_1 をみたことを、夜、家に帰ってから（t_2）想起しているとしよう（その想起の対象を V_2 とする）。このとき、t_1 における H_1 の状態も、H_1 からの E_1 も、t_1 における「私」の身体の状態も「もうない」。〈いま〉物体的に「ある」のは、t_2 における「私」の身体の状態 B_2 だけである。この場合、V_2 が B_1（t_1）にも E_1（t_1）にも B_1（t_1）にも位置づけられないことは、さらにはっきりしている。この場合、「私」が t_2 においてt t_1 の H_1、E_1、B_1 に「戻れない」ことは確かであり、といって V_2 が t_2 におけるB_2の「なか」にあるわけでもない。「私」はt_2において「t_1においてH1をみていたこと」を思い出すのであって、それに連関して、H_1がそこにあったこと、「私」がそこにいたことを思い出すのだ。このすべてが夢や幻覚でなかったことは、これらの諸物体によって「私がみていたこと」が証拠づけられる。

このように考察を重ねてくると、V_1やV_2という内的経験の対象は、外的経験の対象によって証拠づけられることと、〈いま〉端的に私がV_1ないしV_2を「もっている」ということから成り立っていることがわかる。前者は外的経験であって、カテゴリー、時間・空間、物理学的経験法則によって規定され、そのかぎり客観的である（経験的）実在性を有するが、後者の内的経験は、ただ「私」が〈いま〉端的にV_1ないしV_2を「もつ」という体験に支えられているだけであって、こうした体験以前に、V_1ないしV_2が存在しているわけではない。ただ私が現にV_1ないしV_2の体験をすることをもって、すなわちそのつど私に現象するというあり方としてのみ存在するのである。

まさにこの意味で「内的関係」の原型は、微小な〈いま〉⊿tのにおける「私が私を触発する」という自己触発の作用なのではなく、「私」が時間的に隔たった過去のEを想起するさいの〈いま〉と、このE_1との端的な時間関係なのである。この内的関係を消去してしまえば、時間という直線は空間という直線と区別がつかないであろう。つまり、空間とは別の時間における距離を理解することはできないであろう。時間という数直線における距離を、空間という数直線における距離と区別することはできず、結局のところ、時間を空間とは別のあり方をするものとして理解することもできないであろう。

以上、（私の現存在）が原的に取得され、これを（表面上）捨象し、超越論的統覚が析出される、この大がかりな循環が、すなわち自己認識である。次に、自己認識を時間という観点から見直せば、原的に与えられた〈いま〉から可能的〈いま〉系列（客観的時間）が析出され、これが自己触発によって現実的〈いま〉系列である内的経験を形成する。こうして、自我構成と時間構成とは、ぴったり重なり合っているのである。次にこのことを解明しなければならない。

第九節　自己認識

1　経験的自己認識

経験的自己認識の対象は実在しない

前節までのところで、超越論的統覚が内的感官（身体）を触発して、内的経験を構成する過程を描き出してきたが、こうした連関において「自己認識」とは何であろうか。というのも、認識とはカントにおいては客観的認識のみを意味するのであるから、固有の内的経験を知ることは認識とは言えないからである。カントは『純粋理性批判』第二版の「演繹論」で次のように言う。

> ところで、私たち自身を認識するためには、それぞれの可能的直観の多様なものを統覚の統一のもとへともたらす思考のはたらきのほか、この多様なものがそれを通じて与えられる一定の様式の直観がさらに必要である。（B305-B306）

前節で見たとおり、自己を知るとは、それ自体として自己意識である超越論的統覚が、内的感官を触発して固有の内的経験を構成することにほかならないのであるとすると、内的感官とは固有の身体に呼応する感官なのであるから、内的経験のすべては（経験的）主観的なものと考えるのが当然であろう。すなわち、それらは保存量をもつことはなく、いかなる実在的客観性ももたない。それどころか、「私」が現に体験した過去の個々の表象は、客観的世界の客観的時点に「付着して」いるわけではない。もしそうなら、保存量も物理学的法則も維持できないであろう。しかし、それらを「私」が、〈いま〉付着させることはできるのであり、その限りそれらの系列は内的経験を形成する。こうした、それ自身実在性を欠いた内的経験が、自己認識の対象である。

ところで、カントにおいて「認識（Erkenntnis）」の対象の典型例は、算術の対象である数や、幾何学の対象である図形、あるいは物理学の対象である運動する諸物体である。しかし、自己認識の対象、すなわち内的経験の対象は、あきらかにこのような実在的・客観的なものではない。ではなぜ、このようなそれ自身、非実在的・非客観的なものをとらえることが自己「認識」なのであろうか。ここで、「内的経験は外的経験に一致する限りで経験である」という関係を想い起こさねばならない。すなわち、「私」が、みずからの体験を夢幻ではない客観的経験として語るとき、その対象は外的経験に属する対象（普通は諸物体）なのであり。その場合、内的経験とは、外的経験に属する諸対象と同一の諸物体を、「私」が固有の身体をもって、そこ「から」体験したことの系列である。よって、自己認識は次の特徴をもつ。

1 時間位置は外的経験と一致する。ただし、その全体が過去性という時間性格をもつゆえに、常に〈いま〉から、というペースペクティヴが付け加わる。

2 空間位置も外的経験と一致するが、同一の対象をとらえている「私の身体」の位置する場所からのパースペクティヴが付け加わる。

3 その内容も外的経験と一致するが、〈いま・ここ〉からみた対象という、それぞれのパースペクティヴの内容(フッサールの用語を使えば、「射映」)が付け加わる。

よって、自己認識とはそれ自体で成立する認識ではなく、全面的に外的経験に依存する認識、外的認識を排除すると消滅してしまう認識であり、その意味で「擬似認識」にすぎない。つまり、自己認識の対象は客観的時間・空間位置に存する外的経験の諸対象 G_1、G_2、G_3……とまったく同じなのであるが、その同じ諸対象が〈いま・ここ〉からとらえられたものの系列、G_1^*、G_2^*、G_3^*……であって、その場合、時間的・空間的パースペクティヴは「実在しない」とみなされる。しかし、それらは「無」ではないとすると、いかに「ある」のか。それらは〈いま〉「私」がそれを想起する限りで「ある」、言いかえれば、〈いま〉「私」がそれらを外的経験の客観的時間・空間的位置に「置く」限りにおいて「ある」のであって、こうしたあり方はとうてい実在ではない。

複数の人間M_1、M_2、M_3……を想定し、それぞれの認識の仕方を身体（大脳の内部まで含めて説明できるとすれば）、それらはM_1、M_2、M_3……認識と言ってよいかもしれない。しかし、それらはそれぞれの主観にとってのみの「認識」なのであるから、厳密には普遍的・客観的な「私の認識」、すなわち自己認識ではない。

こうした自己認識のあり方は、「実在しない」という点では夢や幻のあり方と変わるところはない。「私」が自分が見た夢を思い出している場合、夢における対象は定義的に「外的経験」と一致しないことを意味するのであるから、否定的に外的経験を基準にしている。原理的に、醒めない夢は夢ではない。「私」が醒めてから後に、ある表象を端的に「夢であった」と判定することによって、その表象は「夢」という独特の存在論的身分を獲得するのだ。

擬似記憶

二〇世紀前半にシドニー・シューメイカー、リチャード・スウィバーン、ジョナサン・ベネット、デレク・パーフィットなど英米の哲学者たちは、ロックの記憶理論と、先の「注」におけるカントの見解とをベースにして、人格の同一性を議論している（このあたりの議論の詳細は、近堂秀『純粋理性批判』の言語分析哲学的解釈――カントにおける知の非還元主義』晃洋書房、二〇一八年を参照）。人格の同一性はロック以来、身体説か記憶説かなどの論争があったところであるが、カントにおいて、この問題が同じ土俵のもとで考察されているのではないことを、はっきりつかんでおくことが必要である。

とくにスウィバーンとシューメイカーの論争（『人格の同一性』寺中平治訳、産業図書、一九八六年）は、カントの立場を浮き彫りにする意味で興味深い。ここで、やや踏み込んで考察してみよう。一見、その差異は微小に見える。スウィバーンは、人格の同一性は物質、記憶その他のいかなるものにも基礎づけられない根源的なものであると主張するが（単一説）、シューメイカーは人格の同一性は、さらに脳の状態に基づくとする。

そのさい重要なことは、シューメイカーがそのための何らかの「規準」が必要なわけではない、と主張している点である。すなわち、人格の同一性は、まず、「誰かが〜した」という記憶（これをシューメイカーは、ベネットに倣って、「擬似記憶〔Quasi = Memory〕」と呼ぶ）があり、次に何らかの規準によって「誰か」を「私」に特定する。これはそれほど荒唐無稽な概念ではない。夢中で読書しているうちに活字が読みにくくなり、ふと気がつくと暗くなっていたので「私」は電気を点けた。この場合、読書の最中には「私」は登場してこない。「私」は「暗くなったなあ、電気を点けよう」と呟くときに、はじめて登場してくる。夢の場合も同様である。「誰かが夢を見ていた」のであり、夢から醒めてはじめて、「私」は「私が夢を見ていた」ことを知るのである。

ベネットは、「第三誤謬推理」において、カントはこの「擬似記憶」の立場にあると言っている（Jonathan Bennett, *Kants Dialectic*, Cambridge Univ. Press, 2009）。たしかに、カントの人格の同一性の議論を振りかえってみると、「擬似記憶」の議論に近いような印象を与えるかもしれない。というのも、まずカントは、スウィバーンのような心的同一性を拒否するからである。これは、カントにとって実体の同一性に帰着する、形而上学的同一性を意味している。

カントが問題にしたのは、人格の同一性は「私＝魂」という実体の同一性から導かれるのではなく、さらにその他のいかなる現象的（物理学的ないし心理学的）同一性にも基づかないということだけである。先の引用箇所は、カントが明らかに「身体説＝大脳説」を採っているのではないことを示しているが、と言ってシューメイカーの意味での「記憶説」を採っているわけでもない。というのも、記憶と一概に言ってもさまざまあって、ごく近い記憶やそうでなくても強烈な記憶に関しては、シューメイカーの説を支持するであろうが、その例外の膨大な記憶の場合、「私」はむしろ擬似記憶の集積によって、はじめてそれが「私の体験」であることを確保するからである。

以上の考察を踏まえて、あらためてカントの「第三誤謬推理」における人格の同一性を考察してみると、カントの場合、人格の同一性は「内的経験の同一性」というパースペクティヴを開くということがわかる。内的経験とは「私」が現に体験したことの系列であるが、「私」はあらゆる自分の過去の体験を端的に想起するわけではなく、数限りない錯誤を犯す。私は端的に想起できない部分を、さまざまな証拠や証言や推理によって次第に確認していくのである。この場合、重要なのは、「私」はこのさい、「客観的世界の諸現象の系列＝外的経験」にあわせて自分固有の内的経験を構成するということである。内的経験は外的経験と整合的でなければならない。「私」

がかつて現に見た家H_1の知覚像W_1を想起しているとき、W_1は「私」がいた場所からの光景としてH_1の位置や光線の具合など諸々の物理学的理論（認識）と矛盾してはならない。この意味で、W_1はH_1に依存する。

こうして、「擬似記憶」をカントの用語に置きかえれば、（『純粋理性批判』第二版の「観念論論駁」にあるように）間接的に与えられる内的経験と、直接的に与えられる外的経験との照合という作用に呼応する。しかも、「私」はそのつど照合するのではなく、超越論的統覚が構成する客観的世界（外的経験）の空間と時間の位置に、それ以外の諸現象と因果関係において整合的であるように「私」の固有の過去体験を置く。言いかえれば、統覚が内的感官を触発するという自己触発の作用の射程は、この複雑な操作にまで及んでいるのである。

2　超越論的自己認識

超越論的統覚の自己認識

「自己認識」の名のもとに、これまで当然のようにこの身体のうちに感じる「私」にとっての自己認識（すなわち経験的自己認識）のみを考察してきたが、視点を「私」の根源的あり方である超越論的統覚にずらして、そのレベルでの自己認識を探究しなければならない。では、超越論的統覚にとっての「（対象としての）自己」とは、いったい何であろうか。超越論的統覚とは思惟実体ではなく、経験を構成する作用そのものであるから、その対象とは、この作用を対象化したものであろう。よって、その領域は客観的世界（すなわち「可能な経験」）の総体に及ぶものであろう。超越論的統覚の対象を客観的世界の総体と見なすことは、フィヒテ、シェリング（同一哲学）、ヘーゲル、さらには道元にまで及ぶ魅力的な構図であるが、本書では、これに関しては「判断停止」する。というのも、自己認識とは内的経験の認識にほかならないが、カントにおいて内的経験は、あくまでも「現存在する私」の内的経験であって、「超越論的内的経験」（？）は考えられないからである。

3　超越論的観念論における他者

外からの観察者？

同じ『純粋理性批判』第一版の「人格の同一性」に関する「第三誤謬推理」のなかには、注目すべきことに、次のような文章がある。

よって、彼〔外からの観察者〕は、私の意識においてあらゆる時間のあらゆる表象に伴う私、しかも完全な同一性をもって伴う私からは、（中略）私自身の客観的持続性を推理しないであろう。なぜなら、その場合、観察者が私をそこに置く時間は、私自身の感性において出会う

時間ではなく、彼の感性において出会う時間だからである。（A 362f）

ここでカントは、「観察者が私をそこに置く時間」と「私自身の感性において出会う時間」とを分けているが、ここに言われる「時間」はまさに体験内容を含む時間的経過とでも言いかえられ、その場合、「私」が適当な長さ（一分間（⊿tの）としょう）を同一であると判定する仕方は、直接与えられる持続体験に基づくのに対して、「（そとの）観察者」は、その同じ⊿tのを「私」に直接与えられる持続体験に基づかずに、推理して認識するのである。、他者の判定の仕方は、その（表情、脳の状態など）からか、その身体（口）から発する言葉を通じた間接的なものに依拠するにすぎない。こうして、「私」と他人とのあいだに共通の「客観的持続性」によって、「私」の人格の同一性が保証されるわけではないゆえに、「私」と他者とは原理的に区別される。

しかし、カントはここでいわゆる「他者論」を展開しているのではない。ここにはたしかに、「他者（der Andere）」が登場してくるのであるが、これをごく普通の意味での他人と解し、そのうえでカントは⊿tの（一分間）の持続体験には「間主観性」が保証されないゆえに、人格の同一性は認識ではない、と結論づけているわけではない。超越論的観念論の立場からすれば、「私（S_1）」と「他者（S_2、S_3、S_4……）」（じつはこのように記号化することは、すでに超越論的観念論の「そと」に出ているのであるが）との視点ならびに現存在とを比較検討できる視点を、取りえないからである。

超越論的観念論の枠組みの「うち」では、「私（S_1）」の現存在が他の「私（S_2、S_3、S_4……）」の現存在と「異なる」と言うことさえできないはずである。しかし、先の引用箇所で、カントは単純に「私の現存在」と「他者の現存在」とは異なるとみなしている。たしかに、超越論的観念論の枠を超え出て、すべての経験的統覚の「内側」を鳥瞰できる神のような視点に立てば、問いを立て、それに答えることができる。すなわち、「私」は「多くの似た有機体 S_1、S_2、S_3……」のうちで、なぜその一つを「私」として了解しうるのか、と。そして、同じ視点から、これに答えることもできる。すなわち、S_1、S_2、S_3……のうち自己触発する者が「私」である、と。ここでわれわれは物自体の領域に近づいていることを自覚するのである。

他者問題と現実性

本章の「第七節自己触発」の最後の部分でも触れたが、超越論的観念論は「物自体」からの触発と自己触発との二重触発を基盤として成り立っている。しかし、これは超越論的観念論を成立させている、その「そと」の構造であるから、超越論的観念論の内部では語れない。言いかえれば、超越論的観念論は、「現実性」を（表面上）捨象して（フッサール的にいえば、「括弧に入れて」）成立しているのであり、現実性を開くのは最終的には「私の現存在」であるから、超越論的観念論は「私の現存在」を括弧に入れて成立しているのである。しかし、この事態を超越論的観念論の枠を超え出て語れば、それはすべての異なった経験的統覚に呼応する「現存在」をも括弧に入れることである。そして、興味深いことに、こうした本来、超越論的観念論の枠内では場所を得ないはずの「現実性」が、『純粋理性批判』の「原則論」のなかに「様相の原則」として収まっている。このことは、本書の最後（補章、第10節）で論じることにする。

第四章　超越論的自我論の限界

1　前批判期における「現存在」の問題

「神の現存在の唯一可能な証明根拠」

批判期から見れば驚くべきことであるが、カントは前批判期に刊行した、「神の現存在の唯一可能な証明根拠」（一七六三年）と題する論考において、次のように語っている。

> 私は、私がいまやろうとしている仕事に大きな効用を認めようとは思わない。神というものがあるというもっとも重要な認識は、深遠な形而上学的探究によらなくともちゃんと存立している。
>
> （カント全集第二巻、山下正男訳、理想社、一九六五年一〇九頁）

ここに、「神というものがある」と訳されたドイツ語原文は “Es ist ein Gott” であり、文字通り訳せば「(少なくとも)一つの神がある」となる。また、この後で登場する「存在」は“Dasein”ないしは“Existenz”であり、これは“wirklich sein”と言いかえられる。ここで、注目すべきことは「存在」という言葉は(表象と同じように)「その意味が決して解明されえないにもかかわらず、結構正しく理解され、誤りなく使用されている」(同書、一一五頁)から、「単純で周知の概念を分析するような思い上がった真似はしない」(同頁)とカントが宣言していることである。

かりにジュリアス・シーザーという主語を考えてみよう。そして、考えうるかぎりのすべての述語を時間や空間の述語も忘れることなく彼の中に集めてみよう。しかし彼のこのすべての規定が与えられたとしてもなお彼は存在することも可能だし、存在しないことも可能だといえよう。この世界およびこの世界の中なる英雄シーザーを生み出した最高存在者は、これらの述語をもれなく認識することができるのであるが、しかもこの英雄を単なる可能的なものと見なすことができるのであり、この英雄はこの最高存在者の御心によってのみ存在しうるのである。(同書、一一七頁)

ここでカントは、ライプニッツの「汎通的規定性(durchgängige Bestimmung)」に従い、ジュリアス・シーザーという個物に考えられる限りのすべての正しい述語を付すことができても、彼は現存在するとは限らない(単なる可能性に留まるかもしれない)とする。同じ論法によって、カントは後に『純粋理性批判』(一七八一年)「弁証論」の「理想」において、「神」という個物の現存在証明を批判している。ここで注目されるのは、シーザーを可能性から現実的存在(Dasein)に昇格させるものは「神の御心(Ratschluss)」であるが、その「御心」自身はシーザーに関するいかなる真なる命題にも書き込まれていない、ということである。現存在は、あらゆる実在的述語とは異なる存在論的身分を有する。

このあと、海棲一角獣と正六角の話は、まるで現代の分析哲学者が語るかのようである。カントは、「海棲一角獣は現存在する〔「実在の」をこう訳し直す〕動物である(Ein Seeeinhorn ist ein existierendes Tier)」(同書、一一八頁)というのは正しくなく、「ある現存在する〔「ある実在する」をこう訳し直す〕獣に、私が一角獣に対していだいているすべての述語が属している」(同書、一一九頁)という言い方が正しい、と主張している。これを、(現代の分析哲学者にならって)変項“x”を使って表現すれば、「私が海棲一角獣に対して考えているすべての述語を充たすようなxが、少なくとも一つ現存在すること」にほかならない。

実質的な第一根拠

カントは「可能なものの述語の必然性」を「論理的必然性」と呼ぶのに対して、「第一根拠として追究している必然性、すなわち「現存在の必然性」を「実質的な絶対的必然性」と呼ぶ。これに呼応して、前者の不可能性は、矛盾律に反するという論理的不可能性であるが、後者の不可能性は、「なにものも全然現存在しないこと」（カント全集第二巻『前批判期論集 第一』山下正男訳、理想社、一九六五年、一二六頁）であるが、このことは「絶対に不可能である」（同書、一二六頁）。

そしてここには、「偶然的な現存在はみずからの根拠になることはできず、必然的な現存在によって根拠づけられねばならない」という推理が省略されている。これを挿入することによって、偶然的な現存在は必然的な現存在によって条件づけられているがゆえに、現存在するこの「私」が偶然的であることを否定できない限り、必然的な現存在も否定できない、という推理が成り立つことになる。だが、「偶然的な現存在が否定されない」ことは論理的な必然性でないとすると、「偶然的な現存在」を保証するものは何か、ということが問題になるが、カントはこれに答えることができず、このことが「現存在の実質的な第一根拠」としての神を放棄して、超越論的観念論へと導いたと考えられる。

すなわち私は、他のあらゆる物の内的可能性の唯一の根拠となる現実的なものを、この絶対的可能性の実質的な第一根拠と名づけたいのである。（同書、一二七頁）

カントは「神の現存在の論証」とほぼ時を同じくしてベルリン・アカデミーの懸賞論文に応募し、第二席を獲得した。当時のドイツの哲学界においては、形而上学の最高原理は矛盾律という形式的原理だけで充分であるというヴォルフの立場に対して、クルージウスは、そうではなく、

「実質的原理」が必要であるとした。カントは、本論文において、クルージウスの立場をとり（クルージウスを再現しているわけではない）、「物体は複合的である」という命題のように、その「素材」に関わる原理は矛盾律からは導けないと主張する。これは、「唯一可能な神の証明」における「実質的な第一根拠」に通じる。

空間と時間のあいだ

『神の現存在の唯一可能な証明根拠』（一七六三年）の翌年に刊行された『自然神学と道徳の原則の判明性』（一七六四年）においては、批判期の構成（綜合）による概念から存在への超越」という思想の萌芽も見られる。

カントは数学と哲学（形而上学）とを対比して、数学（幾何学）の命題は単純な概念から綜合するという方法が可能であるけれど、哲学の命題はただ与えられた概念を分析することができるのみであると言う。このことはすなわち、前者の概念は定義できるけれど、後者の概念は定義できない、ということを意味する。なぜなら、幾何学においては、「円」はそれを定義した後にはじめてその対象が成立しえるからであり、これに反して哲学においては、例えば「時間」という概念は複雑であるゆえに、定義する前にすでに複雑な内容を持った対象が成立しているからである。

数学は、その解法、およびその理論において、一般者を記号のもとに具体的に考察し、哲学は一般者を記号を通して抽象的に考察する。

（カント全集第三巻『前批判期論集2』川戸好武訳、理想社、一九六五年、一三九頁）

幾何学は、具体的な「三角形」とか「円」といった作図可能な記号のもとに考察するけれど、哲学的概念、例えば「自由」は、作図できずそのまま抽象的に考察する以外にはない。すなわち、数学においては、定義だけによってその対象を措定（作図）できるが、哲学的概念においては、それができない。この思想は、『純粋理性批判』の「方法論」にそのまま取り込まれている。

哲学的認識は概念からの理性認識であり、数学的認識は概念の構成からの理性的認識である。ところで、ある概念を構成するとは、その概念に対応する直観をア・プリオリに描く（darstellen）ことである。よって、概念の構成のためには、ある経験的でない直観が必要であり、したがってそれは、直観としては個別的客観であるが、しかしそれにもかかわらず、概念の（普遍的表象の）構成としては、この同じ概念に属するあらゆる可能な諸直観にとっての普遍的妥当性を、その表象において表現しなければならない。

（A713,B734）

カントは、その直後に具体例を挙げる。

こうして、私は三角形を構成するのだが、私はこの概念に対応する対象を、単なる構想によって純粋直観において描くか、あるいはこの純粋直観に従って紙の上にも経験的直観において描くかのいずれかであるが、いずれの場合にも、完全にア・プリオリに、そのための模範を何らかの経験から借りてくることなしに描くことによってである。（A713,B734）

定義できるか否かの境目は、空間と時間のあいだにある。空間は幾何学図形の場として数学の側に位置し、よって空間概念は綜合でき、かつ定義できるけれど、時間は哲学の側に位置し、よって時間概念は分析できるだけであって定義できない。このことは、超越論的観念論から見返すと意味深長である。というのも、批判期における「実質的な第一根拠」は、ユークリッド幾何学における空間における作図（構成）であり、それは、ただ概念が与えられれば、ア・プリオリにその「外」に出られる（現存在に到達できる）からである。

カントは一七七〇年のいわゆる「就任論文」では、時間を空間の前に論じていたが、『純粋理性批判』に至って、時間を空間のあとに論じている。空間を先に論じることは、元来直線ではない時間を空間化すること、すなわち時間を哲学から数学の側に配置替えすることであり、それによって時間を空間と同様に綜合できるとみなすことである。この手続きによってはじめて、「直観の形式」という共通項を有する空間論と時間論から成る、「超越論的感性論」が成立しうるのである。

2 様相としての「現実性」

様相の原則の特異性

以上の、前批判期の「現実性」をめぐるカントの思索を通じて、カントが「現実性」にずっと関心を懐きながら、ア・プリオリな綜合判断を基礎づけるという「批判」(超越論的観念論)の着想を得たときに、「現実性」は超越論的観念論の構造とは基本的に相容れないものであることに気づいたのであろう。「現実性」は、「原則論」の最後に様相という存在論的に低い身分で位置づけられている。

あらためて注目すべきであるが、「様相の原則」の特異性について、カントは次のように語っている。

様相のカテゴリーはそれ自体として独特の点をもつ。すなわち、それらのカテゴリーは、それらが述語として付加される概念を、客観の規定としてまったく増大せずに、認識能力との関係だけを表現する。ある物の概念がすでにまったく完備していても、私はこの対象についてさらに問うことができる、果してその対象は単に可能であるのか、あるいはさらに現実的であるのか、あるいは最後に、必然的でさえあるのか、と。

(A219,B266)

カントは、様相のカテゴリーに合わせて可能性・現実性・必然性という三概念を分割をしているが、実質的に「様相の原則」がその存在理由（根拠）をもつのは「現実性」だけのように思われる。というのも、可能性に関しては、もともと経験は「可能的」経験であり、また必然性に関しても、カテゴリー（因果律）が適用された経験は、まさにニュートン的自然のように、すでにそれ自体必然的だからである。

「要請＝公準（Postulat）」という概念

次に、「要請＝公準（Postulat）」という概念を考察することにしよう。カントは、これをユークリッド幾何学の公理系における確実性の低い原理としての「公準」（例えば、平行線の公準）から借用している。「第四原則」は「主観的原則」であるゆえ、確実性の高い客観的原則から区別するためにこの言葉を選んだのであろう。だがそのさい、カントは「要請」をユークリッド幾何学の公準の意味に限定せずに、幾何学における作図の題一般に拡張して使用している。例えば、「一つの与えられた線をもって、一つの与えられた点から一平面上に一つの円を描く」（A234,B287）という「実践的命題」（A234,B287）が与えられたとき、「こうした命題の要求する手続きは、まさにわれわれがこの命題によってこのような図形の概念をはじめて産み出す手続きなのであるから、この命題は証明されえないものである」（A234,B287）。

　ここで、これまで何度も考察した幾何学図形の作図とは何であるかを、立ち入って考察しなければならない。円の作図の仕方に関する「実践的命題」が与えられれば、「私」は経験的直観（ノートやホワイトボード）の上に、そして同時にその質料を洗い流した純粋直観の上に円を描くことができる。すなわち、「私」は円を作図するとき、直接、純粋直観上に作図するのではない。「私」はノートやホワイトボードの上に作図するのであり、しかもそれを通じて純粋直観においても作図するのである。これが、前に見たように、「経験的綜合は同時に純粋綜合である」という意味である。これを言いかえると、「私」は〈いま・ここ〉にある物体（ノートやホワイトボード）の上に図形としての円を作図する。しかも、（その質料を洗い流した）純粋直観における純粋な円としての限りで、「私」は概念からその「そと」の空間に至ったのである。しかし、断じて「私」は、円の作図によって円形という物体を産出したのではない。

　こうして「円という概念」と「円という図形」との関係は、因果関係ではないし、推論の関係でもない（概念のレベルにおける同一関係でもない）。まさに円を作図することによって、「私」はこの命題（概念）が図形としての円に対応していることを証拠立てているのであって、それ以外にこの命題を証明することはできないのだ。しかも、こうした作図の操作は、「円という概念」の内包を増大させることはない。ただ概念から空間へと、その存在論的身分を変化させるだけなのである。

よって、われわれはこれに従って、まさに同様の権利をもって様相の諸原則を要請することができる。なぜなら、様相の原則は物の概念を全然増やすことはなく、その概念が一般に認識能力といかに結合しているかという仕方を示すのみだからである。（A234,B287）

カントは、「様相の原則」の至るところで同趣旨の主張を繰り返している。円を純粋直観において作図することは、円という概念をいささかも増さず、それは円という概念とそれを描く能力（認識能力）との関係にすぎない。では、作図という操作は、（実在的・）可能的な円を現実的な円へ転化させるのか。そうではない。たしかに、「私」は〈いま・ここ〉で現実的な物体（ノートやホワイトボード）の上に円を作図しているのであるが、同時にその同じ広さを占める純粋直観の上に幾何学図形としての円を作図するということは、円から「いま性（特定の時間性）」と「ここ性（特定の空間性）」を排除することでもある。私は〈いま・ここ〉に現実的にある物体の上に円を作図しながら、同時に純粋直観の上に〈いま・ここ〉にあることに限定されない円を作図しているのである。

ニュートン的自然における可能性と現実性

「原則論」においては、第三原則までは「（実在的）可能的経験」の原則である。その典型例は、

$f=m\alpha$ で表されるニュートンの運動方程式のように、可能なある運動状態を記述することに対応する。このことをカントは、『自然科学の形而上学的原理』「第四章現象学の形而上学的原理」（一七八六年）において扱っている。

定理一　経験的空間に関しての物質の直線運動は、反対方向の空間の運動と区別されると、単に可能的述語である。

（カント全集第一〇巻『自然の形而上学』高峯一愚訳、理想社、二〇〇〇年、三一六頁）

定理二　物質の円運動は、空間の逆方向の運動とは違って、運動の現実的述語をなす。

（同書、三一八頁）

ニュートンの運動方程式は、二階の微分方程式であるから、等速直線運動する諸物体には力がかからず、諸物体の運動を記述する運動方程式は互いに同一である。この場合、それぞれの物体の速度と等しい座標系を組めば、ある物体 K_1 はその座標系に関して静止しているが、異なるS速度で等速直線運動する諸物体 K_1 の静止と K_2、K_3、K_4……は運動している。すなわち、K_1 の静止と K_2、K_3、K_4……の等速直線運動は座標系に依存し、しかも互いに等速直線運動する座標系の身分は等しい。よって、静止も、さまざまな等速直線運動も等価であって、「可能的」であるにすぎない。これが、定理一の正確な意味である。

さらにその場合、運動する諸物体を測定する座標系は互いに一次独立な三次元座標からなるが、その原点は任意なのである。しかし、円運動は等加速運動であるから、その円運動は真の運動、すなわち「現実的」であり、その円運動の上に座標を組むときに、反対側の円運動は見かけの運動、すなわち「仮像（Schein）」にすぎない。これが、「定理二」の意味である。

以上のことは、「可能な経験」における「可能性」の根幹的意味を形づくっている。すなわち、カントが考える「経験」からは、「現実性」が初めから抜け落ちているのである。

「可能な経験」における「可能性」とは、実在的可能性であり、これは物理学的には、互いに等速直線運動する座標系のあいだでは運動法則の形は変わらず、互いに等価である。「現象学」における「現象」とは、こうした等価な座標系のことである。これを物理学的に語ると、等速直線運動する座標系のあいだで運動量が一定であるかぎり、力は加わらず実在性は一定であるが、円運動のように、運動量が変化する場合（等加速運動）では実在性の度は変化する。

このような意味での「可能な経験」を可能にする条件が、統覚・カテゴリー・時間・空間なのであって、「経験を一般的に可能にする条件は、同時に経験の対象を一般的に可能にする条件である」という最高原則も、またこうした「可能の経験」の枠内で動いている。こうして、じつのところカントの「経験の理論」全体が、いわゆる物理主義にも基づいている。もちろん、カントは「可能な経験」は粒子〈原子？〉だけから成ると言っているわけではない、そこには家も山も川も存在している。しかし、カントはそれらが粒子から成っていることを疑わないのであって、それらが粒子から「いかに」なっているかを問わない（カントの経験の理論においては、経験的概念の成立に関する理論はない）。その限り、それらすべてが物理学的粒子に還元されるとみなしていた、と考えるのが自然であろう。だからこそ、森羅万象を「可能にする」カテゴリーは（様相のカテゴリーを除くと）わずか九個でかたがついたのである。

「現実性の原則」

以上の線上で「原則論」を見返すとき、「現実性の原則」だけは、以上の「経験の理論」に入らないこと、その「そと」に位置することがわかってくる。現実性に関してカントは次のように言っている。

> 経験の実質的な諸条件（感覚）と連関する（zusammenhängen）ものは、現実的（wirklich）である。（A218, B266）

カントは第一原則「直観の公理」、第二原則「知覚の先取」、第三原則「経験の類推」までの三原則によって、「一つの可能な経験」と呼ばれる客観的・実在的世界を構成する武器を完全に調達できたとみなしている。客観的・実在的世界に関する限り、ここに残るものは何もない。ただし、ここにはなお客観的・実在的世界と「現存在する私」との「関係」が残っている。「経験的思惟一般の要請」というタイトルには、「経験的思惟」すなわち「現存在する」私を機軸にして「現実性」を「様相」としてとらえようとのカントの意図が示されている。

ここで想い起こしてみると、超越論的統覚を析出するときに（表面上）捨象された「私の現存在」は、それによって完全に消去されたのではなく、「現存在の感じ」として超越論的観念論の「うち」に留まっている。超越論的統覚を析出した後にも、カントは『私は思惟する』は経験的命題である」と繰り返し語っているのだ。しかしカントは、超越論的統覚と「私の現存在」との連関という問題を顕在化することはなかった。よって、超越論的統覚を中心とする超越論的観念論において「私の現存在」の位置はきわめて不安定なものとなった。それは、自己触発において、超越論的統覚が固有の内的感官（身体）を触発することによって、内的経験を構成するという場面で、はじめて顕在化してくる。もちろん、「私の現存在」はこの自己触発によって存在を与えられる（創造される）わけではなく、「私の現存在」を捨象して成立した超越論的統覚が、捨象したそのものに回帰するだけである。

しかし、こうした「私」の側の回帰構図とは別に、「私の現存在」は客観的世界の側においても独特のかたちで参与している。それは、客観的・実在的世界における「現実性」の問題であり、これはいわば超越論的観念論がその「そと」と接するところに位置する。それが様相の原則であり、なかんずく「現実性の様相」にほかならないのである。

以上の確認のうえに、あらためて先の引用部分を見てみると、カントは「様相のカテゴリーはそれ自体として独特の点をもつ。すなわち、それらのカテゴリーは、それらが述語として付加される概念を、客観の規定としてまったく増大せずに、認識能力との関係だけを表現する」と書いている。ここで登場してくる「認識能力」をいかに解すべきであろうか。

これを「現実性の様相」に限定して考えてみるに、実在的ではあるが現実的ではない超越論的統覚が、世界に現実性を与えることはできない。すなわち超越論的統覚は、「カテゴリーの乗り物」であるが、実在性を捨象して成立したのであるから、それが「現実性のカテゴリー」を有しているとすれば、それは不可解であろう。まさにここに、「私の現存在」が姿を見せている。超越論的統覚の成立とともに、実在的・客観的世界（原則論の「経験の類推」までが適用される世界）が構成された後に、あらためてその実在的・客観的世界に「現実性」という相貌が付与されるのであるが、じつのところ、このことは「私の現存在」の（暗黙の）参与によって成立する以外にないのである。

こう解釈しなければ「客観の規定としてまったく増大せずに、認識能力との関係だけを表現する」という文章の意味は不明であろう。そして、このことから予想されるのは、「現実性」はその意味をもっぱら「私」が〈いま・ここ〉に現存在することから受け取っているということである。これを時間という観点から言いかえると、実在的・客観的世界における時間は t_1、t_2、t_3……という時間位置からなり、そこには〈いま〉が書き込まれていない。いや、すべての時点は可能的〈いま〉であって、現実的〈いま〉が書き込まれていない。それを書き込むのが「現実性の様相」である。

「知覚の先取」の原則

なお、「原則論」における第二の原則である「知覚の先取（Antizipationen der Wahrnehmung）」は「質（Qualität）」の原則であるが、それは同時に「実在性」の原則でもあり、しかも「内包量（intensive Größe）」である限りにおける実在性の原則である。すなわち、この原則は、物体（理学的対象）が有する質（質量、運動量、速度、加速度など）の原則なのであって、現実性とは無関係である。その表題は、『純粋理性批判』第一版と第二版とで微妙な表現の違いがある。

〔第一版〕
（前略）あらゆる現象において、感覚は、そして感覚に対象において対応する実在的なもの（realitas phenomenon）は、内包量を、すなわち度（Grad）をもつ。（A166）

〔第二版〕
あらゆる現象において、感覚の対象である実在的なものは、内包量、言いかえれば、度（Grad）をもつ。（B207）

第一版では、「感覚」は内包量をもち、また「感覚に対象において対応する実在的なもの」も内包量をもつ、というように表現が二重になっているが、第二版では単に「感覚の対象である実在的なもの」は内包量をもつ、というように一重になっている。すなわち、第一版で「感覚」にも内包量を認めているのに対して、第二版ではそれを削除した。この背景を探るに、第一版では外界の実在性が〈こころ（mind）〉（カントの言葉では心意識（Gemüt））を撃って、そのまま〈こころ〉においても同一の実在性を保持する、というロック的世界像が残っているが、第二版ではこうしたロック的外界を消去して、実在性を現象に一元化したと言えよう。しかし、むしろ第一版にこそ実在性のありかがはっきり示されている。

すなわち、「感覚に対象において対応する実在的なもの」という規定が、すでに「実在性」という概念の二重性を含意している。対象の実在性（例えば、質量）は、かならずしも「私の〈こころ〉を撃つ度と等しくもなく、比例関係にもない。このことは、異なった感覚（五感）のあいだの相違を考えれば、明確にわかるであろう。同じ体積の立方体が二つあり、Aは鉛の塊であるが、表面は薄い赤で塗られている。Bは中が空洞の紙細工であるが、表面は濃い赤で塗られている、この場合、重さに関してはAはBより内包量（度）が高いが、表面の色に関してはAはBより内包量（度）が低いことになる。こうして、内包量に関して、物体的世界における度と知覚世界における度とは重ならないのであるが、カントはこの差異を無視して、「知覚の先取」の原則の名のもとに物理学的世界の濃度の原則を論じてしまっているのである。

もう一つ重要なことは、超越論的統覚はもちろんのこと、理性や悟性や感性や構想力という心的能力など、超越論的観念論のいかなる理論的武器も、この原則で扱う実在性を創造することはできない、ということである。実在性は、「Xからの触発によって与えられたもの」なのであって、「私」（超越論的統覚）はそれを超越論的観念論のなかで、内包量（度）として把握しなおすことができるだけである。そしてこの実在性は、「現象的（経験的）実在性」にすぎず、この実在性を担うのは質量・運動量・力などの保存量が支配し、諸物体が運動ないし静止する古典力学が描くような外的経験のみである。このことが、「超越論的観念論者は経験的実在論者でありうる」（A370）ということの意味であって、この宣言とともに、それ以外の夢や幻のみならず、理念や内的経験も実在性を剝奪される。

この場合、「私」が〈いま〉現に体験していること、これまで体験してきたこと、すなわち現実性は超越論的観念論の中でいかなる地位をもつのか。こう問うと、それは『純粋理性批判』の中では、「原則論」の最後の原則である、「経験的思惟一般の要請」の二番目に位置する「現実性の原則」以外にはないことがわかるのである。

3　現実性と物自体

フィヒテ批判

フィヒテは、超越論的統覚を「自我」と「非我」とのあいだの否定的自己同一関係とみなしたが、これが「事行（Tathandlung）」であって、フィヒテはそこに現実性も注ぎ込んだ。すなわち、フィヒテによれば、自我が自分自身に対して現実性を与えるのである。しかし、これは、カントの目からすると、自我が実体になってしまうことである。カントにおいては、現実性は物自体からの触発によって与えられるのでなければならない。フィヒテの理論が、「無神論論争」を呼び起こしたのも同じ理由による。現実性は「神」がわれわれに与えるのであるが、もし自我がその根源において有しているのだとすれば、神は不要になってしまうであろう。現実性をめぐるこの議論と、様相としての現実性とはいかなる関係にあるのか。ふたたび、様相のカテゴリーについて語るカントの文章を引用することにしよう。

様相のカテゴリーはそれ自体として独特の点をもつ。すなわち、それらのカテゴリーは、それらが述語として付加される概念を、客観の規定としてまったく増大せずに、認識能力との関係だけを表現する。ある物の概念がすでにまったく完備していても、私はこの対象についてさらに問うことができる、果してその対象は単に可能であるのか、あるいはさらに現実的であるのか、あるいは最後に、必然的でさえあるのか、と。

（A219, B266）

この引用箇所にある「認識能力との関係」とは、「主観との関係」、超越論的統覚に現実性を与える関係、すなわち超越論的統覚を「現存在する私」によって補完する関係である。このことは同時に、〈いま〉という時間様相を形成し、実在的客観時間の「上に」、現在・過去・未来という時間様相を現出せしめる。

言語を習得した有機体の一つをS_1としよう。S_1はもともと「現存在の感じ」を有しているが、言語を習得することを通じて、この「現存在の感じ」を（表面的に）捨象し、「私」という言葉の一般的意味を習得する。そのとき、S_1は超越論的統覚という名の「私」に移行するのだが、これは同時にそうした「私」すなわち超越論的統覚が構成する客観的実在世界の基本的意味を習得していることも意味する。カントにそって言いかえれば、超越論的統覚は、それが成立した瞬間に「経験を可能にする条件」としての時間・空間という直観形式とカテゴリーという思考形式とを手にしている。そして、超越論的統覚としてのS_1はただ一つの客観的・実在的世界（外的経験）を構成することを通じて、自分の内的感官（身体）を触発することにより、外的経験に呼応する自分固有の経験（内的経験）も構成する。外的経験と内的経験とを具えた統覚は経験的統覚であり、これはわれわれの知っている「私」にほかならない。

「私の現存在」は、以上のすべての過程をもってしても導けない。一般的に、実在的・可能的でない、いかなるものからも「私の現存在」を導くことはできないのであり、現存在は現存在自体からしか導けない。「私の現存在」が、認識の「実在性」を少しも増やさないこと、自己認識は、そもそも認識ではないことは重要である。超越論的統覚が外的経験を構成し、その作用が内的経験を構成しても、私の現存在は、その「そと」に留まり続ける。

超越論的観念論とは、「現存在する私」から「現存在」を（表面上）捨象して超越論的統覚を析出し、それが幾何学や物理学が成立する「客観的な実在世界」を構成する仕方を描き出したものである。視点を幾何学図形から物体に移してみよう。物体は実在的であり、一定の客観的時間間隔において自己同一性を保つ。物体は質料をもつゆえに、私はある物体K_1を立体幾何学図形のようには作図できないが、量、質、関係のカテゴリーをK_1の位置する経験に適用させて、すなわち客観的時間における他の諸物体との因果関係や相互作用の関係を通じて、かつXからの触発によって、K_1の実在性を確保できる。

しかしこれは、私がその現存在〈（いま〉あること）を確保したことではない。量、質、関係の三原則によって、私が実在的世界を確保したと言うとき、物理学的な物体として客観的時間に位置する限りの物体を確保したということであり、それは、必ずしも〈いま〉与えられていることを必要としない。そうした物体は客観的時間上という可能的現在・可能的未来・可能的過去に実在するが、〈いま〉現存在しているわけではない。では、可能的現在から現実的現在への転換はいかにしてなされるのか。それは、まさに「私の現存在」との関係によってである。

ここでうまく様相の原則につながる。私が〈いま〉ある物体K_1を知覚したからといって、このことはK_1の実在性をいささかも増やさない。このことは、K_1と「現存在する私」との関係にすぎないのであり、実在的なK_1はこのことによって現実性を獲得する。こうして、「経験的思惟一般の要請」とは、超越論的統覚ではなく、「現存在の感じ」を伴うコギトが一般的に要請されるという原則である。

根源的な〈いま〉の湧き出し

このことは、〈いま〉というあり方に目を転じれば、いっそうわかりやすい。〈いま〉は「私の現存在」の根源的時間性であるが、超越論的観念論における直観形式としての時間とは、諸現象の順序を秩序づける客観的・物理学的時間であり、〈いま〉は現在・過去・未来を開く時間様相であって、客観的・物理学的時間とはまったく異なったあり方をしている。〈いま〉は物理学の法則にも、物理学的現象の変化にも一切関係なく（物理学的に見れば、過去の事象も現在の事象も未来の事象も実在性には関わりない）、ただ「主観（私の現存在）との関係」を表すだけなのである。

「可能な経験」を貫く「直観の形式」としての時間は、物理学的（ニュートン的）時間であるが、一見そこに現在・過去・未来が成立しているようにも思える。すなわち、その時間の各々の時点は可能な現在なのであり、任意の時点はその可能な現在との関係において、可能な過去であり、可能な未来であるにすぎない。しかし、もし「私」が可能な現在・過去・未来のみを了解していて、現実の現在・過去・未来を了解していないなら、「私」は時間を了解しているとは言えないであろう。現実的な、現在・過去・未来の了解は、ある時点を現実的な〈いま〉とみなすことによるのであるが、それは（超越論的統覚）ではなく、現存在する「私」のみがなしえることである。

しかし（ここが重要であるが）、現存在する「私」は、そのつど根源的に与えられる〈いま〉において、〈いま〉に属する現象①と〈いま〉に属さない現象②とを区別している。これは相互依存的であって、現象①は現象②が与えられなければ与えられない。こうして、「私」が〈いま〉を了解するとは、現実的な〈いま〉において、〈いま〉に属する現象①と、すでにない〈いま〉に属する現象②とを区別することである。こうして、「私」は現にある〈いま〉②と、もはやない〈いま〉①とをそれぞれの両者の否定的連関、すなわち〈いま〉①は〈いま〉②ではなく、〈いま〉②は〈いま〉①ではないによって、〈いま〉という概念を、さらに現実的な〈いま〉を了解するのである。

しかし、現実的な〈いま〉の了解における、こうした「私の現存在」の代替不可能な役割は、超越論的観念論の表舞台（「感性論」から「原則論」への第三原則）まで）からは消えてしまっている。そして、やっと第四原則である「様相の原則」のうちの「現実性の原則」において場を得るのである。

デカルト的コギトは、現にある〈いま〉とすでにない〈いま〉との否定的関係をとらえることができない。コギトの対象（res cogitata）が欠落しているゆえに、コギトの作用が現在の知覚の対象に向かうのか、過去の想起の対象に向かうのか、それとも算術や幾何学の対象のような非時間的な対象に向かうのかは決まらない。それは、すでに現在と過去とを区別している、「そと」の視点からはじめて言えることである。このことは、カントの超越論的統覚にそのまま妥当する。超越論的統覚は、現にある〈いま〉とすでにない〈いま〉との否定的関係をとらえられない。よって、超越論的統覚は、その視野の「そと」に〈いま〉を追いやることによって、空間化された客観的時間が貫いている「可能な経験」にとっての「私」にすぎないのである。

「私の現存在」と物自体

こうして、超越論的観念論を実在性という観点からたどっていくと、現実的な〈いま〉が、（物自体を含む）超越論的観念論の枠組みの「そと」に位置することがわかる。根源的な〈いま〉を切り開き、「私が〈いま〉現存在する」ことを開示するのは、超越論的統覚ではなく、物自体でもなく、もちろん神でもない。では、何か。「私の現存在」である。とはいえ、「私の現存在」は、現象の背後に潜む未知の「もう一つの物自体」であるわけではない。それは、まさに〈いま〉「私」に見え感じられている通りの世界の根拠なのである。しかし、「それ」をそのものとして、私は語ることができない。このことが、「私の現存在の無規定的（unbestimmt）意識」に正確に呼応する。「無規定的」とは、いかなる言語化も免れている根源的な何かXではない。それは、いかなる言語化も完遂しえない眼前の（あるいは体内に感じられる）何かXなのである。これは主観＝客観図式以前の何かXなのであるが、それは「私」が〈いま〉まさに知覚し端的に感じている「これ」が、空間化以前の（いま）絶えず新たなものが「湧き出す」現場である。そして、触発の現場においては、常に「現実性」が問題になっていることを見逃してはならない。

すなわち、「私の現存在」が根源的に現実的な〈いま〉を切り開き、自己触発が現実的な過去を切り開く。現実的な過去の了解のためには、現実的な現在が与えられていなければならないが、現実的な過去は、現実的な現在の「うち」に与えられるのであるが、それは現実的な現在の一部をなすのでも、現実的な現在と融合しているのでもない。現実的な過去は、現実的な現在の「うち」に、それではない時として端的に（根源的に）与えられる。その与えられ方を示すのが、自己触発である。

超越論的観念論とは、「現存在する私」から「現存在」を（表面上）捨象して超越論的統覚を析出し、それが幾何学や物理学が成立する「客観的な実在世界」を構成する仕方を描き出したものである。視点を幾何学図形から物体に移してみよう。物体は実在的であり、一定の客観的時間間隔において自己同一性を保つ。物体は質料をもつゆえに、私はある物体K_1を立体幾何学図形のようには作図できないが、量、質、関係のカテゴリーをK_1の位置する経験に適用させて、すなわち客観的時間における他の諸物体との因果関係や相互作用の関係を通じて、かつXからの触発によって、K_1 の実在性を確保できる。しかし、これは私がその現存在（〈いま〉あること）を確保したことではない。

量、質、関係の三原則によって、私が実在的世界を確保したと言うとき、物理学的な物体として客観的時間に位置する限りの物体を確保したということであり、それは必ずしも、現に、〈いま〉に与えられていることを必要としない。そうした物体は客観的時間上という可能的現在・可能的未来・可能的過去に実在するが、必ずしも〈いま〉現存在しているわけではない。では、可能的現在から現実的現在への転換はいかにしてなされるのか。それは、まさに「私の現存在」との関係によってである。

ここでうまく様相の原則につながる。私が〈いま〉ある物体K_1を知覚したからといって、このことはK_1の実在性をいささかも増やさない。このことは、K_1と「現存在する私」との関係にすぎないのであり、実在的なK_1はこのことによって現実性を獲得する。こうして、「経験的思惟一般の要請」とは、超越論的統覚ではなく、「現存在の感じ」を伴うコギトが一般的に要請されるという原則である。

超越論的観念論は、統覚が構成する幾何学図形と物体にのみ「実在性」を付与するのであるから、奇妙なことに、夢や幻と同様に、ありとあらゆる知覚風景や「内的経験」は実在性をもたないことになる。こうした実在世界のなかに、「現実性」もまた居場所をもたない。「現実性」は、むしろ超越論的統覚が「私」であることを支えているものであり、その意味で超越論的観念論の「うち」には登場してこないのだ。

しかし、本論で強調してきたことは、それでも超越論的統覚が「私」であるかぎり、それが析出されるさいに（表面上）消去された「私の現存在」は、じつのところ残存しているということ、そして、この「私の現存在」は、超越論的統覚が内的感官を触発することを通じて、端的な〈いま〉の「現存在の感じ」を取戻し、さらにそれを超えて、「内的経験」という固有の過去の現実的系列も形成する、ということである。言いかえれば、超越論的統覚が内的感官を触発する「自己触発」の（書かれていない）前段階として、「私の現存在」が成立している。「私」が「私の現存在」を生ぜしめたはずはないから、「私の現存在」は何らかの意味で与えられたものである。しかし、それが「どこから」与えられたか、「いかにして」与えられたか、まったくわからない。このことは、現実的な〈いま〉についても言える。現実的な〈いま〉が、「どこから」湧き出すのか、「いかにして」湧き出すのか、まったくわからないのだ。超越論的観念論とは、それを支える物自体という未知なものに加えて、「私の現存在」およびそのつど湧き出す現実的な〈いま〉の源泉を未知のものとして保持し、その上に築かれた「危うい」城なのである。

あとがき

二〇〇〇年に『カントの自我論』というタイトルの拙著が日本評論社から刊行され、二〇〇七年にそれがほとんど内容を変えずに岩波現代文庫に取り入れられた。しかし、それは満足とはほど遠く、刊行直後から絶えず書きかえて原形を留めないないまでになり、それが本書の基になっている。よって、はじめタイトルを「改訂版　カントの自我論」にしようかと思ったが、内容は『カントの自我論』からまったく変貌したので、それを示す意味も込めて「カントの超越論的自我論」というタイトルを採用することにした。

なお、昨年三月に著者を襲った災難（脳出血）のため、仕事は長らく中断したが、とにかく二四年後にようやく完成に漕ぎ着けた次第である。

このたびも、ぷねうま舎の中川和夫さんにはひとかたならぬお世話になり、心より感謝いたします。

二〇二四年八月一二日

中島義道

中島義道

1946年生まれ．東京大学法学部卒．同大学院人文科学研究科修士課程修了．ウィーン大学基礎総合学部修了（哲学博士）．電気通信大学教授を経て，現在は哲学塾主宰．

著書に，『カントの時間構成の理論』（理想社．のち改題『カントの時間論』講談社学術文庫），『時間を哲学する——過去はどこへ行ったのか』（講談社現代新書），『哲学の教科書』（講談社学術文庫），『モラリストとしてのカント１』（北樹出版．のち改題『カントの人間学』講談社現代新書），『時間論』（ちくま学芸文庫），『「私」の秘密——私はなぜ〈いま・ここ〉にいないのか』（講談社学術文庫），『カントの自我論』（日本評論社．のち岩波現代文庫），『悪について』（岩波新書），『後悔と自責の哲学』（河出文庫），『「死」を哲学する』（岩波書店），『差別感情の哲学』（講談社学術文庫），『悪への自由——カント倫理学の深層文法』（勁草書房．のち改題『カントの「悪」論』講談社学術文庫），『哲学塾授業——難解書物の読み解き方』（講談社．のち改題『哲学塾の風景——哲学書を読み解く』講談社学術文庫），『ニーチェ——ニヒリズムを生きる』（河出ブックス．のち改題『過酷なるニーチェ』河出文庫），『生き生きした過去——大森荘蔵の時間論，その批判的解説』（河出書房新社），『不在の哲学』（ちくま学芸文庫），『時間と死——不在と無のあいだで』（ぷねうま舎），『明るく死ぬための哲学』（文藝春秋），『死の練習——シニアのための哲学入門』（ワニブックスPLUS 新書），『晩年のカント』（講談社現代新書），『てってい的にキルケゴール その一　絶望ってなんだ』『その二　私が私であることの深淵に』『その三　本気でつまずくということ』，『てってい的にカント　その一 コペルニクス的転回の全貌』『その二「純粋理性」の舞台裏』（いずれも，ぷねうま舎刊）．

カントの超越論的自我論

2024年11月25日　第1刷発行

著　者　中島義道《なかじまよしみち》

発行者　中川和夫

発行所　株式会社 ぷねうま舎
〒162-0805　東京都新宿区矢来町122　第二矢来ビル3F
電話 03-5228-5842　　ファックス 03-5228-5843
https://www.pneumasha.com

印刷・製本　そうめいコミュニケーションプリンティング

©Yoshimichi Nakajima 2024
ISBN 978-4-910154-60-2　　Printed in Japan

てってい的にキルケゴール その一
絶望ってなんだ
中島義道　四六判・二五六頁　本体二四〇〇円

てってい的にキルケゴール その二
私が私であることの深淵に
中島義道　四六判・二五六頁　本体二四〇〇円

てってい的にキルケゴール その三
本気で、つまずくということ
中島義道　四六判・三七六頁　本体三二〇〇円

てってい的にカント その一
コペルニクス的転回の全貌
中島義道　四六判・二五六頁　本体二六〇〇円

てってい的にカント その二
「純粋理性」の舞台裏
中島義道　四六判・二五六頁　本体二六〇〇円

時間と死
——不在と無のあいだで——
中島義道　四六判・二一〇頁　本体二三〇〇円

遺稿焼却問題　哲学日記 2014-2021
永井　均　四六判・二六〇頁　本体一八〇〇円

独自成類的人間　哲学日記 2014-2021
永井　均　四六判・二八〇頁　本体一八〇〇円

左右を哲学する
清水将吾　四六判・二〇四頁　本体一八〇〇円

無駄な死など、どこにもない
——パンデミックと向きあう哲学——
山内志朗　四六判・二五六頁　本体一八〇〇円

ぷねうま舎

表示の本体価格に消費税が加算されます
2024年10月現在